Cinema For Russian Conversation

Volume 2

Cinema For Russian Conversation

VOLUME 2

Mara Kashper

Olga Kagan

Yuliya Morozova

focus An Imprint of
Hackett Publishing Company
Indianapolis/Cambridge

Cinema for Russian Conversation, Volume 2

© 2006 by Mara Kashper, Olga Kagan, and Yuliya Morozova

Previously published by Focus Publishing/R. Pullins Company

Focus An Imprint of
Hackett Publishing Company
www.hackettpublishing.com

P.O. Box 44937

Indianapolis, Indiana 46244-0937

ISBN: 978-1-58510-119-1

All rights are reserved.

Printed in the United States of America

17 16 15 14   11 12 13 14 15 16 17

Содержание

Предисловие vii
1. Жестокий романс 1
   (A Cruel Romance)
2. Ребро Адама 23
   (Adam's Rib)
3. Кавказский пленник 41
   (Prisoner of the Mountains)
4. Вор 61
   (The Thief)
5. Принцесса на бобах 77
   (Princess on the Beans)
6. Сирота казанская 95
   (The Kazan Orphan)
7. Восток-Запад 115
   (East/West)

When We Talk About Films (Кинословарб)..133
Russian-English Vocabulary 135
Expanded List of Opinion Words and Connectives 163
Answers to Crosswords and Puzzles..167

v

Introduction

Who is this book for?

Using Russian film as a basis for conversation provides the learner with a wealth of culture-based authentic materials that can be used on several levels of language proficiency. This is the second volume of a two-volume textbook that includes seven movies created in the span of 1984-1999. The volumes can be used independently. Each of the book's seven chapters focuses on one movie and includes assignments for students ranging from Intermediate to Advanced Plus proficiency according to the ACTFL guidelines. The films can be viewed with or without subtitles, allowing students on various levels access to the material. This book is also highly recommended for heritage speakers of Russian.

The book has a modular structure that allows instructors to select the films according to the students' interests and goals of the class. It can be used on its own as a textbook or to provide supplemental materials for classes at various levels.

While the book's main purpose is the development of students' conversational skills, each chapter also includes texts for reading comprehension and exercises that focus on the acquisition of written skills and grammatical accuracy.

Criteria for Selecting Films

We selected the films for the book based on several criteria. We chose films that are representative of a variety of periods, themes, and genres, and that cover over seventy years of Russian film making, from the 1930s into the 21st century. While most of the films were made in the Soviet period, several were made after the fall of the Soviet Union and reflect new realities of Russian life. All movies are well known in Russia and many have become classics.

Accessibility was another criterion for selection. All the films are of general human interest and universal appeal. Each has a well-developed plot, and most are available on DVD.

Meeting these criteria resulted in the selection of films that we believe will stimulate class discussion.

Chapter Structure and Suggestions for Use

We recommend that students begin each chapter by watching the film outside of class, individually or in small groups. We expect that this general viewing will be followed up by watching particular scenes in class and as homework.

Each film is accompanied by twenty or more assignments and tasks to provide flexibility for students and instructors. The assignments can be used for homework or classroom activities. They are arranged in increasing order of difficulty and sophistication corresponding to levels specified in the ACTFL Proficiency Guidelines. Intermediate level assignments ask students to read a paragraph, view a clip, answer factual questions, and provide a short description. Exercises calling for higher proficiency involve detailed description, narration, expressing supported opinion, and hypothesizing.

We believe that the format and sequence of exercises can be used as a model that allows instructors to adapt other films for classroom use.

Distribution of Exercises by Level

Intermediate-Low level: exercises 1 through 4, and parts of 8. Exercises 1–4 are intended as previewing assignments to provide students with background information on the film. These exercises call for some Internet research, which can be tailored to students' proficiency and interests. We recommend students at all levels of proficiency to complete at least some of the previewing assignments.

Intermediate level: exercises 5 through 14. These assignments require students to answer questions, ask questions using various interrogative words, narrate with some degree of accuracy in different time frames, and provide a relatively detailed description.

Advanced level and heritage speakers: exercises 15 through 23. These require that students produce paragraph-length narration in each time frame, compose detailed descriptions, support their opinions, and hypothesize.

Vocabulary Development

Exercise 8 is the core exercise for each chapter and designed to focus on vocabulary development. In this exercise, each film is divided into episodes, and each episode has a title, questions, and the vocabulary needed for answering the questions, describing a scene or commenting on it. The material is organized so that the film can be viewed by episode, either in class or assigned as homework. As was mentioned above, we recommend that, in addition to assigning students to view the entire film at the beginning of each chapter, instructors work on several episodes with the whole class and assign other episodes to individual students or groups of students for follow-up presentations.

The English glossary of the vocabulary in exercise 8 is available at the end of the book.

Both research and classroom experience make clear that vocabulary is what both heritage speakers and advanced learners need most. Even heritage learners who are comfortable viewing the films without subtitles need to develop their active vocabulary to be able to function at a more sophisticated level in Russian. The goal for all advanced learners should be to make active use of the new words and expressions from Exercise 8 in scene and character descriptions and content discussions.

Film Format

Most of the films are available in the DVD format, which allows the instructor to create additional exercises to suit the goals of the course, including simultaneous watching and reading subtitles in the target language, translations from Russian to English and English to Russian, creating Russian language subtitles to be compared with the existing ones, etc.

Music

Many Russian films are famous for their music, and students benefit from being introduced to songs that are known to every native speaker of Russian. Whenever possible we provide lyrics and chords to the songs heard in the films.

Appendices

The appendices include a list of vocabulary that would allow students to discuss films (*kinoslovar'*), the Russian to English glossary (the vocabulary found in Exercise 8), a list of expressions that students would need to express opinions and produce more sophisticated expanded discourse, and finally the answers to the crosswords and puzzles in each chapter.

Acknowledgments

We would like to express our sincere gratitude to the Harriman Institute of Columbia University for their generous financial support, without which the publication of this book would not have been possible. We are grateful to Mosfilm for granting us permission to use multiple stills in each chapter.

We thank Susan Bauckus, Nelya Dubrovich, Marilyn Gray, all of UCLA, and Nataliia Ermolaev of Columbia University for proofreading and editing the text. We thank Margot Rosen of Columbia University for writing texts for translation. We thank Julia Verkholantsev of University of Pennsylvania and Vadim Paperno for help with producing the stills.

Finally, we are grateful to our publisher, Ron Pullins, for suggesting the idea for this book.

# Глава 1

Жестокий романс

Мосфильм, 1984 г., мелодрама, 2 серии, 140 мин., прокат (1984 г.) - 22 млн. зрителей.

Награды: Лучший фильм 1984 года.

1.1 Несколько слов о фильме

Фильм поставлен по мотивам пьесы А. Островского «Бесприданница» (1878 г.). Действие происходит в конце девятнадцатого века в небольшом городе на Волге. Семья Огудаловых, мать и три дочери, обеднели после смерти отца. Дочери остались без приданого, и поэтому им трудно выйти замуж. Старшая дочь вышла замуж за карточного шулера. Средняя дочь за кавказского князя, никому неизвестного в городе. Остаётся младшая дочь Лариса. Лариса влюблена в Паратова. Но он неожиданно уезжает из города, не попрощавшись с ней. От отчаяния Лариса решает выйти замуж за мелкого чиновника Карандышева. Но в этот момент в город возвращается Паратов... (По материалам из Интернета)

1.2 Над фильмом работали

Режиссёр	Эльдар Рязанов
	Режиссёр, сценарист, актёр, поэт, автор текстов песен. Снял более двадцати фильмов. Родился 18.11. 1927 г. в Куйбышеве. Окончил режиссёрский факультет ВГИКа (1950 г.). После окончания института работал на студии документальных фильмов. Автор повестей, рассказов, ведущий телепрограмм. Лауреат Государственной премии СССР (1977 г.). Награждён призом за вклад в развитие советской кинокомедии на ВКФ (Всесоюзный Кинофестиваль) (Ленинград, 1983 г.). Народный артист СССР (1984 г.).
Автор сценария	Эльдар Рязанов
Оператор	Вадим Алисов
Художник	Александр Борисов
Композитор	Андрей Петров

1.3 Действующие лица и исполнители

Действующие лица:	Исполнители:
Лариса Огудалова	Лариса Гузеева (Это её первая роль в кино.)
Харита Игнатьевна, мать Ларисы	Алиса Фрейндлих
Сергей Сергеич Паратов	Никита Михалков
Юлий Капитоныч Карандышев	Андрей Мягков
	Актёр. Снялся в более тридцати фильмах. Родился 08. 07.1938 г. в Ленинграде. Окончил Школу-студию при МХАТ (Московский Художественный Академический театр) в 1965 г. Поступил в театр «Современник». В 1977 г. перешёл во МХАТ. На Малой сцене МХАТ в 1989 г. поставил спектакль «Спокойной ночи, мама». В 2002 г. поставил спектакль «Ретро» во МХАТе. Лучший актёр 1976 г. по опросу журнала "Советский экран". Лауреат Государственной премии СССР 1977 г. (за участие в фильме «Ирония судьбы»). Народный артист РСФСР (1986 г.).
Василий Данилыч Вожеватов	Алексей Петренко
Мокий Пармёныч Кнуров	Виктор Проскурин

1.4 Кто есть кто? Звёзды кинематографии

Найдите информацию о следующих известных деятелях кинематографии в Интернете и сделайте сообщение в классе об одном из них. Вы можете проиллюстрировать свой рассказ клипами из других фильмов, над которыми они работали. (*Совет: Информацию о многих деятелях российского кино вы можете найти на сайте <www.mega.km.ru/cinema>. Вы можете также сделать поиск по интересующей вас фамилии в русскоязычном Google <www.google.com/ru/> или в поисковой системе Yandex <www.yandex.ru>)

Алиса Фрейндлих
Никита Михалков
Алексей Петренко
Андрей Петров

1.5 Кто? Где? Когда? 10 вопросов к фильму

1. Когда и где происходит действие фильма?
2. Кто главные герои фильма?
3. Сколько лет Ларисе?
4. Какая у Ларисы семья?
5. В кого Лариса влюблена?
6. За кого Лариса решает выйти замуж?
7. Что думают о Ларисе Вожеватов и Кнуров?
8. Любит ли Лариса своего жениха?
9. Почему Паратов бросает Ларису?
10. Почему Лариса умирает?

1.6 Что сначала? Что потом?

Расположите предложения в том порядке, в каком произошли события в фильме. Используйте, где уместно, следующие союзы: *потом; когда; после того как; в то время как; в то же время; через какое-то время; через несколько дней / лет; несколько дней спустя.*

- Паратов начинает ухаживать за Ларисой Огудаловой.
- Карандышев делает предложение Ларисе.
- Паратов объясняет Ларисе, почему он не может на ней жениться.
- В доме Огудаловых празднуют свадьбу Ольги Огудаловой.
- В доме Огудаловых празднуют помолвку Ларисы и Карандышева.
- Лариса уезжает на прогулку по Волге с Паратовым, Вожеватовым и Кнуровым.
- Карандышев убивает Ларису.
- Паратов внезапно уезжает из города.

- Карандышев напивается.
- Лариса становится невестой Карандышева.
- Паратов возвращается в город, чтобы продать «Ласточку».

1.7 Кадры из фильма и задания к ним

Глава 1: Жестокий романс 5

1. Соедините реплики с кадрами.
   - А) Сергей Сергеич, стреляйте!
   - Б) Разрешите пригласить вас завтра вечером в театр?
   - В) Я спешу, голубчик.
   - Г) Но венчаться непременно здесь, чтоб не сказали, что я вам не пара.
   - Д) Я человек с правилами. Брак для меня дело священное.
   - Е) Не угодно ли вам сегодня отобедать у меня?

2. Расположите кадры в хронологическом порядке и кратко расскажите, что происходит в каждом кадре.

3. Конкурс вопросов: задайте как можно больше вопросов к каждому кадру.

4. Опишите отношения между Ларисой и Карандышевым; Ларисой и Паратовым; Карандышевым и матерью Ларисы.

5. Расскажите о второстепенных героях фильма (мать Ларисы, Вожеватов, Кнуров). Дополните описания героев вашими собственными предположениями

1.8 Сцены. Слова. Вопросы.

Слова, которые помогут вам говорить о фильме:

Пе́рвая се́рия.
Сва́дьба О́льги Огуда́ловой [0:04:23]:

Неве́ста
Жени́х
Кавка́зский князь
Пра́здновать / отпра́здновать сва́дьбу
Выходи́ть / вы́йти за́муж + за кого?
Выдава́ть / вы́дать (+ кого?) за́муж
Прида́ное
Го́рько пла́кать
Гость (m.) (pl. го́сти)
Произнести́ тост
Крича́ть «Го́рько!»
Ло́шадь (f.)
Ревнова́ть / приревнова́ть + кого? к кому?

Вопросы:

1. Где празднуется свадьба?
2. Откуда приехал жених?
3. Почему Ольгу выдают за него замуж?
4. Почему невеста плачет?
5. Как зовут человека, который приезжает на белой лошади?
6. Какой тост произносят гости?
7. Куда Карандышев приглашает Ларису?
8. Принимает ли Лариса его приглашение?
9. Почему муж Ольги выбрасывает цветы в реку?

День рождения Лари́сы [0:11:08]:

Дари́ть / подари́ть пода́рок + кому?
Поздравля́ть / поздра́вить + кого? с чем?
Расстра́иваться / расстро́иться
Надева́ть / наде́ть цепо́чку на ше́ю
Це́литься / прице́литься + в кого/во что?
Стреля́ть / вы́стрелить (+ в кого/ во что?) из пистоле́та
Стака́н
Цили́ндр
Карма́нные часы́
Рискова́ть жи́знью
Здоро́вье имени́нницы!

10. Почему в доме Огудаловых гости?
11. Откуда пришли телеграммы?
12. Что сообщается в телеграммах?
13. Почему мать Ларисы расстроилась?
14. Какой подарок сделал Ларисе Вожеватов?
15. Сколько он стоил?
16. Почему мать Ларисы показала его Кнурову и получила от него 500 рублей?
17. Кто приходит последним?
18. Какая сцена происходит в саду?
19. Почему Паратов стреляет?

Лари́са и Пара́тов на парохо́де [0:29:40]:

Парохо́д «Ла́сточка»
Матро́с
Капита́н
Води́ть – вести́ + кого? по чему? (по кораблю́)
Пока́зывать / показа́ть
Обгоня́ть / обогна́ть
Дава́ть / дать гудо́к (два коро́тких, оди́н дли́нный)
Стоя́ть за штурва́лом

20. Почему мать Ларисы волнуется, узнав, что дочь едет на прогулку с Паратовым?
21. Куда Паратов привозит Ларису?
22. Из чего видно, что матросы любят Паратова?
23. Как Лариса и Паратов проводят день на пароходе?
24. Какое настроение у Ларисы? Почему?

На вокза́ле. Пара́тов, Вожева́тов, Кну́ров [0:41:10]:

Уезжа́ть / уе́хать
Провожа́ть / проводи́ть + кого? куда?
Подле́ц
Передава́ть / переда́ть + что? кому?
Теря́ть / потеря́ть име́ние
Разоря́ться / разори́ться
Проща́ться / прости́ться + с кем?
Уе́хать не прости́вшись

25. Почему Паратов неожиданно уезжает?
26. Почему Паратов говорит о себе, что он подлец?
27. О чём он просит Вожеватова?
28. Как Лариса узнаёт, что Паратов уезжает?
29. Почему Лариса спешит на вокзал?
30. Какое у неё настроение?
31. Должна ли была Лариса ехать на вокзал?

Глава 1: Жестокий романс   7

У Огуда́ловых. Аре́ст «дире́ктора» ба́нка [0:46:01]:

Déлать / сде́лать предложе́ние + кому́?
Касси́р
Растра́тить де́ньги
Арестова́ть + кого́? за что?
Полице́йские
Неожи́данно

32. Что де́лают го́сти?
33. О чём Огуда́лова говори́т с дире́ктором ба́нка?
34. Что он ей обеща́ет?
35. Кто неожи́данно появля́ется в до́ме?
36. Кем оказа́лся «дире́ктор» ба́нка?
37. Отку́да у него́ де́ньги?
38. Как реаги́руют на аре́ст други́е го́сти?

Лари́са и её мать на кла́дбище [0:51:00]:

winter Зима́
snow Снег
~~оттепель~~ Та́ет лёд *melts ice*
Кла́дбище
grave Моги́ла
pray Моли́ться / помоли́ться
to accept Принима́ть / приня́ть реше́ние
bouquette of flowers Буке́т цвето́в
«Судьба́ моя́ реши́лась!»
my fate was solved

39. Како́е сейча́с вре́мя го́да? Кака́я пого́да? *What season is it? What's the weather*
40. Как оде́ты Лари́са и её мать? *What do Larissa + her mom wear?*
41. На чью моги́лу они́ прихо́дят? *On whose grave are they?*
42. О чём они́ разгова́ривают? *What are they talking about?*
43. Како́е реше́ние принима́ет Лари́са?
44. Почему́ Каранды́шев с цвета́ми в рука́х стои́т на у́лице?
45. Что име́ет в виду́ Лари́са, говоря́: «Судьба́ моя́ реши́лась»?

В магази́не у моди́стки [0:54:20]:

Шить / сшить пла́тье + кому́?
to pay Плати́ть / заплати́ть + за что?
to be proud Горди́ться + кем/чем?
to bargain Торгова́ться + с кем? из-за чего́?
price Цена́ ?
to be jealous Ревнова́ть / приревнова́ть + кого́? к кому́?
to run out / away Выбега́ть / вы́бежать + отку́да?
to represent Представля́ть / предста́вить + кого́? кому́?
basket of flowers Корзи́на цвето́в
to require Тре́бовать / потре́бовать + что? от кого́?

46. Что де́лают Лари́са и Каранды́шев в магази́не оде́жды? *What do they do clothing*
47. Чем Каранды́шев так дово́лен? *so pleased*
48. Чем он горди́тся? *Why is he proud*
49. Почему́ он про́сит Лари́су подожда́ть на у́лице? *Why does he ask to wait on street*
50. Чем Каранды́шев недово́лен? *not happy*
51. Почему́ он вдруг пла́тит и выбега́ет из магази́на? *Why suddenly pay + run out*
52. С кем разгова́ривает Лари́са? *With who is talking*
53. Как Каранды́шев представля́ет Лари́су Вожева́тову? *Ho is*
54. Почему́ Каранды́шев недово́лен тем, как Лари́са обраща́ется к Вожева́тову? *displeased that addresses*
55. Что тре́бует Каранды́шев от Лари́сы? Почему́? *What does require from why*

Кнуров и Вожеватов в банке и на бульваре [0:59:45]:

Выставка *(exhibition)*
Прокатиться = съездить *(to go for a ride)*
Нищенская обстановка *(miserable situation)*
Опошлиться *(to fly into a rage)*
Погибнуть *(to fall)*

56. Что случилось с сестрой Ларисы Ольгой? *(What happened to Larissa's sister?)*
57. Что Вожеватов и Кнуров думают о браке Карандышева и Ларисы? *(What does think about the marriage of)*
58. Какие у Кнурова планы в отношении Ларисы? *(What does plan for Larissa)*
59. Могут ли они исполнится? Почему? *(Can they be fulfilled? Why?)*

★ Карандышев приглашает к себе на обед [1:02:13]:

Приглашать / пригласить + кого? куда? *(to invite)*
Принимать / принять приглашение *(to accept)*
Пароход *(steamship)*
Название *(name)*
Бинокль *(binoculars)*
Испугаться *(wind)*
Выстрел из пушки *(cannon shot)*
Напоминать / напомнить + что? кому? *(to remind)*
Вспоминать / вспомнить + что? *(to remember)*

60. Как ведёт себя Кнуров, когда Карандышев приглашает его к себе на обед? *(How does he behave when invites him to dinner?)*
61. Почему Кнуров принимает приглашение? *(Why does accept the invite?)*
62. Куда смотрит Лариса?
63. Почему она хочет знать название парохода?
64. Почему Карандышев не говорит ей, какой пароход пришёл?
65. Почему Лариса испугалась выстрела из пушки?

★ Возвращение Паратова [1:04:05]:

Цыгане *(Romany)*
Встречать / встретить *(to meet)*
Радоваться *(to rejoice)*
Целоваться *(to kiss)*
Играть на гитаре *(to play the guitar)*
Петь *(to sing)*
Выпить рюмку до дна *(to drink a glass to bottom)*
Холостая жизнь *(bachelorhood)*
Жениться (Я женюсь) *(to marry)*
Прощаться / проститься + с кем/ чем? *(to say good bye)*
Богатая *(rich)*
Приданое *(dowry)*
Золотые прииски *(gold diggings)*
Принимать / принять приглашение *(to accept)*
Выходить / выйти замуж + за кого? *(to go out)*
Виноват/а + перед кем? *(is to blame)*

66. Кто встречает Паратова на пристани?
67. С кем приезжает Паратов?
68. Кто такой Робинзон?
69. Какую историю рассказывает Паратов о Робинзоне?
70. Как встречают Паратова цыгане?
71. Почему Паратов говорит, что он прощается с холостой жизнью и свободой?
72. Что он рассказывает о своей невесте?
73. Как реагирует Паратов на известие о том, что Лариса выходит замуж?

Глава 1: Жестокий романс

Вторая серия.
Лариса в саду [1:10:30]:

to swing on a swing

- Качаться на качелях
- Свадьба
- Подвенечное платье
- Уезжать / уехать в деревню
- Стыдиться + кого?
- Целовать / поцеловать руку + кому?
- «Я вам не пара»
- Богат
- Жалеть / пожалеть + кого?
- Самолюбие
- Бояться + кого/чего? за кого?
- Затеивать / затеять ссору + с кем?
- Предлагать / предложить тост + за кого?
- Мстить / отомстить + кому? за что?
- Месть

74. Что Кнуров обещает матери Ларисы? *What does ✓ promise*
75. Почему Лариса хочет поскорее уехать в деревню? *Why does want to quickly go to village?*
76. Почему Карандышев думает, что Лариса стыдится его? *Why does thing that is ashamed of him*
77. Почему он хочет, чтобы свадьба была в городе, а не в деревне? *Why does he want the wedding was in city not the country?*
78. Карандышев говорит, что все в городе думают, что он Ларисе не пара. Что он имеет в виду? *says that everyone in city thinks that him + Larissa aren't a couple. What does he mean?*
79. Почему Лариса боится за Карандышева? *Why is afraid of*
80. Почему мать Ларисы боится, что Карандышев затеет ссору? *Why is her mom afraid that venture quarrel?*
81. Какой тост хочет предложить Карандышев на обеде? *What toast does he want to announce @ dinner?*
82. Кому он хочет отомстить? *Whom does he want revenge*

Лариса и Паратов [1:17:56]:

- Уходить/уйти в сад
- Скамейка
- Ждать + кого?
- Виноват/а + перед кем?
- Брать / взять (+ кого?) за руку
- Подслушивать / подслушать разговор

83. Почему Лариса уходит в сад, когда слышит, что приехал Паратов? *Why does larissa go to garden when she hears that Paratov's coming?*
84. Хочет ли она его видеть? *Does she want to see him?*
85. Почему Паратов считает, что Лариса виновата перед ним? *Why does Paratov believe that her blame in front of him?*
86. Что в этот момент делает мать Ларисы? Почему? *At this point what does mom do? why?*

Лариса, Паратов и Карандышев [1:24:33]:

- Торопиться
- Бурлак = barge-hauler
- Учиться + у кого? чему?
- Образованные люди
- Сердиться / рассердиться + на кого?
- Оскорблять / оскорбить
- Просить / попросить извинения + у кого?
- Прощать / простить + кого?
- Приглашать / пригласить (+ кого?) на обед

87. Почему Карандышев торопится к Ларисе? *Why rushing to her?*
88. Чем Карандышев оскорбляет Паратова? *What insults*
89. Как Паратов реагирует? *How does react?*
90. Должен ли был Карандышев просить прощения у Паратова? *Whether it was that apologizes*
91. Почему Карандышев приглашает Паратова на обед? *invite dinner?*

Genuine — искренний

На обе́де у Кара́ндышева [1:29:03]:

- Произноси́ть / произнести́ тост
- Счастли́в/а
- Напива́ться / напи́ться
- Пои́ть / напои́ть + кого́? чем?
- Издева́ться + над кем?
- Пья́ный
- Сты́дно + кому́?
- Глу́пый; глуп
- Этике́тка
- Дешёвое вино́
- Пить / вы́пить (+ с кем?) на бру́дершафт
- Петь / спеть рома́нс
- Упра́шивать / упроси́ть + кого́? сде́лать что?
- Отка́зываться / отказа́ться
- Запреща́ть / запрети́ть + кому́? что?
- Пла́кать / запла́кать
- Целова́ть / поцелова́ть
- Судьба́
- «От судьбы́ не уйдёшь!»

На парохо́де – в столо́вой [1:51:15]:

- Цыга́н, цыга́нка, цыга́не
- Петь / спеть
- Пе́сня
- Танцева́ть / станцева́ть
- Игра́ть на гита́ре

92. Како́й тост произно́сит Кара́ндышев?
93. В како́м он состоя́нии? Почему́?
94. Почему́ Лари́са говори́т, что ей сты́дно?
95. Что ви́дит Вожева́тов, когда́ откле́ивает этике́тку на буты́лке?
96. Заче́м Пара́тов льёт с Кара́ндышевым на бру́дершафт?
97. Что го́сти угова́ривают Лари́су сде́лать?
98. Почему́ она́ снача́ла отка́зывается, а пото́м вдруг соглаша́ется?
99. Почему́ Лари́са пла́чет во вре́мя пе́ния?
100. О чём поёт Лари́са? (См. текст пе́сни в конце́ главы́.)
101. Как Пара́тов угова́ривает Лари́су пое́хать с ним на прогу́лку на парохо́де?
102. Почему́ Лари́са согласи́лась?
103. Почему́ Лари́са говори́т ма́тери: «Проща́й»?

104. Что де́лают на корабле́ Пара́тов, Лари́са, Кну́ров и Вожева́тов?
105. О чём поёт Лари́са? (См. текст пе́сни в конце́ главы́.)
106. Что все угова́ривают Лари́су сде́лать?
107. Почему́ она́ снача́ла отка́зывается, а пото́м соглаша́ется?
108. Почему́ Лари́са выхо́дит из столо́вой?

Глава 1: Жестокий романс   11

На пароходе – в каюте Паратова [1:59:03]:

    Ехать домой
    Нельзя
    Оставаться / остаться
    Требовать / потребовать объяснения + от кого?
    Обручён, обручена
    Цепь
    Скован цепями
    Молчать
    Безбожно

109. Почему Паратов советует Ларисе ехать домой?
110. Почему Лариса не хочет ехать?
111. Какого объяснения требует Лариса от Паратова?
112. Что Паратов объясняет Ларисе?
113. Что имеет в виду Паратов, говоря, что он скован по рукам и ногам?
114. Почему он молчал раньше?
115. Что имеет в виду Лариса, когда говорит: «Это безбожно»?

Кнуров и Вожеватов [2:04:06]:

    Бросать / бросить монету (жребий)
    Орёл
    Решка

116. Как Кнуров и Вожеватов решают судьбу Ларисы?

Лариса и Вожеватов [2:07:26]:

    Спасать / спасти + кого?
    Помогать / помочь + кому? чем?
    Честное слово
    Купеческое слово = Honestly! (literally, "Upon the merchant's word")

117. О чём Лариса просит Вожеватова?
118. Почему он отказывается ей помочь?
119. Какими цепями «скован» Вожеватов?

Лариса и Кнуров [2:09:05]:

    Выставка
    Париж
    (Быть) на содержании + у кого?

120. Что предлагает Ларисе Кнуров?
121. Почему он не может на ней жениться?
122. Как слушает его Лариса?

Карандышев и Лариса [2:11:43]:

    Плыть / приплыть
    Лодка
    Вещь (f.)
    Мстить / отомстить + кому? за кого/ что?
    Пистолет
    Стрелять / выстрелить + в кого?
    Помогать / помочь + кому?
    Убивать / убить

123. Как Карандышев попал на корабль?
124. Почему Лариса говорит о себе: «Я – вещь»?
125. Почему Карандышев стреляет в неё?
126. Как на это реагируют Кнуров, Паратов и Вожеватов?
127. Чем заканчивается фильм?

1.9 Расскажите об эпизоде

Выберите один или два эпизода из фильма (задание 1.8) и подробно расскажите о них, используя лексику эпизодов и подходящие по смыслу союзы: *сначала; после этого; потом; перед тем как; после того как; в то же время; в то время как; пока; когда; в это время; а; но*.

1.10 Реплики из фильма

Кто, кому и когда это говорит?

1. А что инородец... Так ведь среди своих не нашлось никого, кто бы взял без денег.
2. Хорошо бы с такой барышней в Париж прокатиться.
3. Моя, моя ...
4. А хотите, я вас увезу? Прямо сейчас. Одно ваше слово ...
5. Вот и решилась моя судьба.
6. Пожалейте меня хоть сколько-нибудь. Пусть хоть посторонние думают, что вы меня любите.
7. Мы тут свадьбу затеяли. Расходов столько!
8. Надо отдать ему должное, он действительно глуп.
9. Вы запрещаете?! Я буду петь, господа.
10. Жена ли я вам теперь?

1.11 Головоломка

Используя по одному слогу из каждой колонки, найдите здесь слова из списка в 1.8. Начало каждого слова дано в первой колонке.

НЕ	ЕЗ	ВАТЬ
ПО	ПИТЬ	СЯ
ПО	БИ	НЕ
ПА	СТРЕ	ЛИТЬ
РЕВ	ВЕ	ЖАТЬ
ОБ	НО	ЧЕН
У	ГА	СТА
НА	ЗДРАВ	ВАТЬ
ЦЫ	ДА	РОК
ВЫ	РО	ХОД
У	РУ	ЛЯТЬ

Глава 1: Жестокий романс   13

1.12 Кроссворд

Слово по вертикали:

Паратову нравится_____ жизнью, своей и чужой.

Слова по горизонтали:

- Карандышев волнуется, что он не _____(1)_____ Ларисе.
- Город, в котором происходят события в фильме, стоит на берегу реки _____(2)_____.
- Традиционная форма обращения к мужчинам в России в XIX-ом веке была _____(3)_____.
- Карандышев хочет отомстить Паратову и компании за _____(4)_____ Ларисы.
- Карандышев не знатен и не _____(5)_____.
- Лариса просит Карандышева не _____(6)_____ её к другим мужчинам.
- На обеде в доме Карандышева Паратов, Вожеватов и Кнуров _____(7)_____ над Карандышевым, делают из него шута.
- После отъезда Паратова Лариса согласна выйти замуж за первого, кто решит за неё _____(8)_____.
- Лариса страдает в мире, где правят _____(9)_____.

1.13 Сцены из фильма

Напишите о сцене, которая ...

а) больше всего вам понравилась;

б) кажется вам самой смешной;

в) по вашему мнению, является кульминационной сценой фильма;

г) кажется вам наименее важной, потому что она ничего не добавляет к развитию сюжета.

Эти слова помогут вам выразить ваше мнение. Расширенный список подобных слов и выражений вы найдёте на странице 163.

В конце концов	Одним словом
В отличие от	По мнению (кого?)
Вместо того, чтобы	По следующим причинам
Во-первых, ... Во-вторых,... В-третьих,...	По сравнению с тем, что
Дело в том, что	Поскольку
Для того, чтобы	После того, как
Если	После этого
Если бы	Потому (,) что
Значит	Поэтому
Из-за того, что...	Прежде всего
К сожалению	При условии, что
Кажется	С одной стороны...., с другой стороны...
Когда	С точки зрения (кого?)
Кроме того, что	Судя по тому, что
Например	Так как
Несмотря на то, что	Таким образом
Но	Тем не менее
Однако	Хотя

1.14 Сценаристы и актёры

Напишите и разыграйте в классе сцену, которой нет в фильме. Например, Паратов, Вожеватов, Кнуров и Карандышев решают, кому достанется Лариса.

1.15 Напишите

1. Опишите отношения между Ларисой и её матерью.
2. Могла ли Лариса изменить свою жизнь?
3. Можно ли оправдать Карандышева?
4. Считаете ли вы Ларису жертвой?

1.16 Перевод

- Прочитайте два разговора между Карандышевым и Ларисой.
- Перепишите их в косвенной речи.
- Переведите на идиоматичный английский.

(*Карандышев*) - Однако, это странно. Называете его Васей.

(*Лариса*) - Мы с малолетства знакомы. Вот я и привыкла.

(*Карандышев*) - Вам теперь старые привычки надо бросать. Нельзя же терпеть того, что у вас в доме было.

(*Лариса*) - А у нас ничего дурного не было.

(*Карандышев*) - Цыганский табор, вот что было.

(*Лариса*) - Разве мне самой такая жизнь нравилась? Если бы я не искала тишины и уединения, не захотела бы бежать от людей, да разве я пошла бы за вас? Так не приписывайте моего выбора своим достоинствам. Я ещё их не вижу. Я только ещё хочу полюбить вас. Поймите, я стою на распутье. Поддержите меня.

(*Карандышев*) - Я совсем не хотел вас обидеть.

(*Лариса*) - А насчёт табора вы, пожалуй, правы. Но были в этом таборе и добрые, благородные люди.

(*Карандышев*) - Кто же? Уж не Сергей ли Сергеевич Паратов?

(*Лариса*) - Не вам о нём судить.

(*Карандышев*) - Разве он хорошо поступил с вами?

(*Лариса*) - Если уж я боюсь и не смею осуждать его, то не позволю и вам.

[...]

(*Лариса*) - Сделайте милость, поедемте поскорее к вам в деревню.

(*Карандышев*) - Куда вы так торопитесь? Зачем?

(*Лариса*) - Мне хочется бежать отсюда.

(*Карандышев*) - Вы что, стыдитесь меня?

(*Лариса*) - Пока ещё вы мне поводу не дали.

(*Карандышев*) - Так зачем же прятаться от людей? Ой, я так рад! Дайте мне возможность почувствовать всю приятность моего положения.

(*Лариса*) - Когда же мы уедем из города?

(*Карандышев*) - После свадьбы, хоть на другой день. Но венчаться, непременно здесь, чтоб не сказали, что мы прячемся от людей, потому что я вам не пара.

(*Лариса*) - Да ведь это правда, Юлий Капитоныч.

(*Карандышев*) - Пожалейте меня хоть сколько-нибудь. Пусть хоть посторонние думают, что вы меня любите.

(*Лариса*) - Зачем?

(*Карандышев*) - А вы не допускаете в человеке самолюбия?

(*Лариса*) - Все себя любят. Когда же меня кто-нибудь любить будет? Доведёте вы меня до погибели.

1.17 Перевод

- Переведите разговор между Карандышевым и Ларисой на идиоматичный русский.
- Сравните с разговором в фильме.

(Karandyshev) - You deserve to be punished for what you did. But no one but me has the right to judge you. I'll decide whether to forgive you or not.
(Larisa) - Why are you here?
(Karandyshev) - I'll make them pay [= мстить / отомстить + кому?] until they kill me.
(Larisa) - Why are you here?
(Karandyshev) - I'm here to make them pay for insulting you.
(Larisa) - The greatest insult to me is your protection.
(Karandyshev) - Is it?! Knurov and Vozhevatov are casting lots to see which one of them will get you. And this does not insult you?! They are looking at you as if you were a thing.
(Larisa) - I am a *thing*. Finally, someone found the right word for me. I am a *thing*, I am not a human being. Leave me alone. Each thing needs its owner. I'm going to Knurov.
(Karandyshev) - I am your owner.
(Larisa) - No. I'm too expensive for you.
(Karandyshev) - I am your owner. I'm taking you with me.
(Larisa) - Leave me alone! You disgust me. Don't touch me!
(Karandyshev) - Mine, you're mine.
(Larisa runs out of the room.)
(Karandyshev) - Come back! I forgive you. I forgive you for everything you did.
(Larisa) - But I can't forgive myself!
(Karandyshev) - I beg you, don't leave. I'm ready for any sacrifice. I'm ready to be humiliated. What can I do to deserve your love?
(Larisa) - You are a nonentity.
(Karandyshev) - I love you.
(Larisa) - You're lying. I looked for love, but couldn't find it. They treated me like a toy. I haven't found love, so I'm going to look for money.
(Karandyshev) - You must be mine!
(Larisa) - Never!
(Karandyshev) - Then no one will have you. *(Shoots at Larisa.)*

1.18 Перевод

- Переведите текст на идиоматичный русский, используя союзы соединительные слова и фразы (см. задание 1.13) и обращая внимание на русские эквиваленты местоимений *who, whose, that, which*.

A Cruel Romance is a tragic story about a young woman whose fate was like that of an object, "a thing" as she calls herself at the end of the film, that the local bachelors valued like a diamond but treated like a toy. Larisa Dmitrievna was beautiful and talented, but her mother didn't have the money for her dowry. For this reason, Larisa needed to marry a wealthy man who could support her. At first Sergei Sergeevich Paratov seemed like a good match for Larisa: he was charming, handsome and rich. However, as we discover, he was, in a word, a scoundrel who betrayed Larisa's trust not once, but twice: first when he unexpectedly left town and second when he admitted on the steamship that he was engaged.

The name of Sergei Sergeevich's steamship, "Swallow," rings of irony for the Russian viewer. Men often call their beloved "swallow" as a sign of tenderness and love. Judging by Sergei Sergeevich's actions, it is hard to believe that he truly loved Larisa. Because she was bound by chains of love for him, she was never able to fly free like the birds we repeatedly see in the film.

Money and fate are closely linked in *A Cruel Romance*. We see this first and foremost when the so-called friends of the Ogudalovs toss a coin to decide which will take care of Larisa. Both of these men are merchants and they therefore have the money to support her.

While it is tragic that Sergei Sergeevich abandons Larisa, it is even more tragic that her fiancé, Karandyshev, kills her out of jealousy and anger. His action shows us that he also related to Larisa as if she were a "thing," which one could possess. When he shoots her, we remember an earlier scene when he begged Sergei Sergeevich not to shoot at the pocket watch she was holding because he was afraid she might die. This irony of fate finally frees Larisa from her awful situation.

1.19 Рекламный ролик

- Напишите сценарий и разыграйте рекламный ролик к фильму (5-7 минут). Ваша задача привлечь зрителя в кино.
- Снимите этот ролик на видео и покажите его в классе.

1.20 Симпозиум

- Напишите ответ на вопрос «Кто виноват в гибели Ларисы?».
- Подготовьтесь к обсуждению в классе.

1.21 Рецензия на фильм

Прочитайте и проанализируйте рецензию.

- В чём разница между двумя интерпретациями пьесы Островского (фильмами «Бесприданница» и «Жестокий романс»)?
- Каким образом в «Жестоком романсе» изображена Россия 1980х?

Снимать новую версию фильма при пользующейся популярностью старой версии всегда рискованно. Снятая Яковом Протазановым «Бесприданница» (1937) не вызывала нареканий ни у зрителей, ни у критиков. Игра актёров великолепна, достоверна. Хороший фильм. Трагичный, но хороший. И самое главное, все акценты в характеристике персонажей расставлены авторами фильма таким образом, что не вызывают никакой двусмысленности в интерпретации: Паратов – трус, соблазнитель, без каких-либо честных намерений по отношению к Ларисе; мать Ларисы – деспот, женщина сомнительных нравов, думающая только о материальной выгоде; Лариса – несчастная жертва обстоятельств, не способная изменить свою судьбу. История Ларисы была рассказана авторами фильма в жанре трагедии.

Что же побудило режиссёра Эльдара Рязанова в 1984 году снять новую версию «Бесприданницы»? Не что иное, как указания самого Островского. Драматург назвал свою пьесу «комедией». «Но, позвольте», – заметит проницательный зритель, – «о какой комедии идёт речь? Ведь героиня в финале фильма погибает. Над чем же тут смеяться?» Оказывается, есть над чем. Анализируя драматургию Островского в 1850-х годах, критик Добролюбов назвал социальную среду в его пьесах «тёмным царством»: отношения между героями определялись властью денег, материальной выгодой и голым расчётом. Героев пьес отличали друг от друга не личностные качества, а размер капитала. Талант не поощрялся. Посредственность и ограниченность соперничали друг с другом. Проницательным взглядом Рязанов заметил возрождение власти денег и меркантильности в России 1980-х. Фильм Рязанова, с одной стороны, соединяет две оторванные друг от друга части российской истории, а с другой, предсказывает появление новой социальной группы – российской буржуазии («новых русских»).

1.22 Начинающий кинокритик

Напишите свою собственную рецензию на фильм. Вы можете поместить её на следующие сайты <www.ozon.ru>, <www.bolero.ru>.

1.23 Песня из фильма

Прочитайте отрывок из пьесы А. Н. Островского «Бесприданница» (отрывок из действия 1, явления 2).

- Что Кнуров и Вожеватов думают о Ларисе?
- Как этот разговор связан с финалом фильма?

(*Кнуров*) - [...] Вам, например, частое посещение этого семейства недёшево обходится.

(*Вожеватов*) - Не разорюсь, Мокий Пармёныч. Что делать! За удовольствия платить надо, а бывать у них в доме - большое удовольствие. А сами почти никогда не бываете.

(*Кнуров*) - Да неловко; много у них всякого сброду бывает; потом встречаются, кланяются, разговаривать лезут!

(*Вожеватов*) - Да, у них в доме на базар похоже.

(*Кнуров*) - Ну, что хорошего! Тот лезет к Ларисе Дмитриевне с комплиментами, другой с нежностями, так и жужжат, не дают с ней слово сказать. Приятно с ней одной почаще видеться, без помехи.

(*Вожеватов*) - Жениться надо.

(*Кнуров*) - Жениться! Не всякому можно, да не всякий и захочет; вот я, например, женатый.

(*Вожеватов*) - Так уж нечего делать. Хорош виноград, да зелен, Мокий Пармёныч.

(*Кнуров*) - Вы думаете? А хорошо бы с такой барышней в Париж прокатиться на выставку.

(*Вожеватов*) - Да, не скучно будет, прогулка приятная. Какие у вас планы-то, Мокий Пармёныч!

(*Кнуров*) - Да и у вас этих планов-то не было ли тоже?

(*Вожеватов*) - Где мне! Я простоват на такие дела. Смелости у меня с женщинами нет: воспитание, знаете, такое, уж очень нравственное, патриархальное получил.

(*Кнуров*) - Ну да, толкуйте! У вас шансов больше моего: молодость – великое дело. Да и денег не пожалеете; дёшево пароход покупаете, так из барышей-то можно. А ведь, чай, не дешевле «Ласточки» обошлось бы?

(*Вожеватов*) - Всякому товару цена есть, Мокий Пармёныч. Я хоть молод, а не зарвусь, лишнего не передам. […]

(*Кнуров*) - Похвально, хорошим купцом будете. А всё-таки вы с ней гораздо ближе, чем другие.

(*Вожеватов*) - Да в чём моя близость? Лишний стаканчик шампанского потихоньку от матери иногда налью, песенку выучу, романы вожу, которых девушкам читать не дают.

(*Кнуров*) - Развращаете, значит, понемножку.

(*Вожеватов*) - Да мне что! Я ведь насильно не навязываю. Что ж мне об её нравственности заботиться: я ей не опекун.

[…]

(*Кнуров*) - Жаль бедную Ларису Дмитриевну! Жаль.

(*Вожеватов*) - Что вы очень жалостливы стали?

(*Кнуров*) - Да разве вы не видите, что эта женщина создана для роскоши? Дорогой бриллиант дорогой и оправы требует.

(*Вожеватов*) - И хорошего ювелира.

(*Кнуров*) - Совершенную правду вы сказали. Ювелир – не простой мастеровой: он должен быть художником. В нищенской обстановке, да еще за дураком мужем, она или погибнет, или опошлится. (ПСС, том VIII, Пьесы 1877-1881, ГИХЛ, Москва, 1950)

1.24 Тексты песен и аккорды

«Под лаской плюшевого пледа...»
Стихи: М.Цветаева
Музыка: А.Петров

Am7   D7   G
Под лаской плюшевого пледа
   H7   Em
Вчерашний вызываю сон.
Am7   D7   G
Что это было? Чья победа?
     H7   Dm
Кто побеждён? Кто побеждён?

E7   Hdim   C
Всё передумываю снова,
C7   F#7   H7
Всем перемучиваюсь вновь.
D7   G
В том, для чего не знаю слова,
H7   C
В том, для чего не знаю слова,
    Am   H7 Em
Была ль любовь?

Кто был охотник? Кто – добыча?
Всё дьявольски – наоборот!
Что понял, длительно мурлыча,
Сибирский кот?

В том поединке своеволий
Кто, в чьей руке был только мяч?
Чьё сердце – Ваше ли, моё ли –
Летело вскачь?

И всё-таки – что ж это было?
Чего так хочется и жаль?
Так и не знаю: победила ль?
Побеждена ль?

«Любовь – волшебная страна»
Слова: Э.Рязанов
Музыка: А. Петров

Am   Dm
Я, словно бабочка к огню
    E   Am
Стремилась так неодолимо
    A   Dm
В Любовь, в волшебную страну,
  G   E
Где назовут меня любимой.
  Am G   E
Где бесподобен день любой,
  Am G   E
Где не страшилась я б ненастья.
  Dm   G   C   Am   H
Прекрасная страна - Любовь, страна
    - Любовь,
        F   E
Ведь только в ней бывает счастье.

Пришли иные времена, --
Тебя то нет, то лжёшь не морщась.
Я поняла, Любовь – страна,
Где каждый человек притворщик...

Моя беда, а не вина,
Что я наивности образчик.
Любовь – обманная страна –
И каждый житель в ней обманщик.

Зачем я плачу пред тобой
И улыбаюсь так некстати.
Неверная страна – Любовь,
Там каждый человек предатель.

Но снова прорастёт трава
Сквозь все преграды и напасти.
Любовь весенняя страна,
Ведь только в ней бывает счастье.

Глава 1: Жестокий романс

«Романс о романсе»
Слова: Б. Ахмадулина
Музыка: А. Петров

Не довольно ли нам пререкаться,
Не пора ли предаться любви?
Чем старинней наивность романса,
Тем живее его соловьи.

То ль в расцвете судьбы, то ль на склоне.
Что я знаю про век и про дни?
Отвори мне калитку в былое
И былым моё время продли.

Наше «ныне» нас нежит и рушит,
Но туманы сирени висят,
И в мантилье из сумрачных кружев
Кто-то вечно спускается в сад.

Можно всё расточить и растратить,
Но любви не отнять у души.
Как влюблён он, и нежен, и статен.
О, накинь, отвори, поспеши.

Отражён или сторгнут роялем
Свет луны – это тайна для глаз.
Но поющий всегда отворяет
То, что было сокрыто для нас.

Блик рассвета касается лика.
Мне спасительны песни твои.
И куда б ни вела та калитка,
Подари, не томи, отвори...

«А напоследок я скажу...»
Слова: Б. Ахмадулина
Музыка: А. Петров

А напоследок я скажу...

А напоследок я скажу:
Прощай, любить не обязуйся,
С ума схожу. Иль восхожу
К высокой степени безумства.

Как ты любил? Ты пригубил
Погибели. Не в этом дело.
Как ты любил? Ты погубил.
Но погубил так неумело.

А напоследок я скажу...

Работу малую висок
Ещё вершит, но пали руки,
И стайкою, наискосок,
Уходят запахи и звуки.

А напоследок я скажу:
Прощай, любить не обязуйся.
С ума схожу. Иль восхожу
К высокой степени безумства.

А напоследок я скажу...

«А цыган идёт»
Музыка: А.Петров
Слова: Р.Киплинг (перевод Г.Кружкова)

```
Am              Dm
Мохнатый шмель - на душистый хмель,
   G7           C   A7
Цапля серая - в камыши,
     Dm          Am
А цыганская дочь - за любимым в ночь
     H7     E
По родству бродяжьей души.

     Dm
Так вперёд за цыганской звездой кочевой,

  G7           C   A7
На закат, где дрожат паруса,
     Dm         Am
И глаза глядят с бесприютной тоской
     H7    E
В багровеющие небеса!
```

И вдвоём по тропе навстречу судьбе,
Не гадая, в ад или в рай,
Так и надо идти, не страшась пути,
Хоть на край земли, хоть за край.

Так вперёд за цыганской звездой кочевой,
На закат, где дрожат паруса,
И глаза глядят с бесприютной тоской
В багровеющие небеса!

Так вперёд за цыганской звездой кочевой,
На свиданье с зарёй, на восток,
Где, тиха и нежна, розовеет волна,
На рассветный вползая песок!

Так вперёд за цыганской звездой кочевой,
До ревущих южных широт,
Где свирепая буря, как божья метла,
Океанскую пыль метёт!

Так вперёд!..

Глава 2

Ребро Адама

Мосфильм, 1990 г., трагикомедия, 77 мин.

Награды:
Приз Киноакадемии «Ника-91» (Россия) в номинации «Лучшая актриса года» (И.Чурикова). Приз кинопрессы лучшей актрисе 1991 года (И.Чурикова). Приз «Серебряный Пегас» за лучшую женскую роль (И.Чурикова). Приз за лучший сценарий (В.Кунин) на Международном кинофестивале в Пескаре-91 (Италия).

2.1 Несколько слов о фильме

О жизни семьи, состоящей только из женщин: больной бабушки, постоянно требующей к себе внимания; матери, ещё надеющейся устроить личную жизнь; и двух дочерей, у каждой из которых масса своих проблем. По мотивам повести А. Курчаткина «Бабий дом». (По материалам из Интернета)

2.2 Над фильмом работали

Режиссёр	Вячеслав Криштофович
	Режиссёр, сценарист. Родился в Киеве 26.10.1947 г. Окончил режиссёрский факультет киноотделения Киевского театрального института (1970 г.). Режиссёр киностудии им. А. Довженко (г. Киев). Снял семь фильмов.
Сценарист	Владимир Кунин
Оператор	Павел Лебешев
Композитор	Вадим Храпачёв
Художники	Сергей Хотимский, Александр Самулекин

2.3 Действующие лица и исполнители

Действующие лица:	Исполнители:
Нина Елизаровна	Инна Чурикова
	Актриса. Снялась в более двадцати фильмах. Родилась 05.10.1943 г. в г. Билибей в Башкирии. Окончила театральное училище им. М. С. Щепкина (1965 г.). С 1965 г. — актриса Московского ТЮЗа (Театра юного зрителя). С 1975г. — актриса театра им. Ленинского комсомола в Москве (Ленком). В кино с 1960 г. Лауреат Государственной премии РСФСР за участие в фильме «Васса» (1985 г.). Народная артистка СССР (1991г.). Лауреат Берлинского кинофестиваля в номинации «Актриса» за 1984 г. Премия «НИКА» в номинации «Актриса» за 1991 г. Премия «Кинотавр» в номинации «Премия за лучшую роль за 1994 г.».
Лида	Светлана Рябова
Настя	Мария Голубкина
Бабушка	Елена Богданова
Марина, подруга Лиды по институту	Галина Казакова
Виктор Витальевич, первый муж Нины, учёный	Ростислав Янковский

Александр Наумович Гольдберг, второй муж Нины, музыкант	Игорь Кваша
Евгений Анатольевич, приехал из провинции в командировку	Андрей Толубеев
Андрей, начальник Лиды и её любовник	Станислав Житарев
Мишка, отец Настиного ребёнка	Андрей Касьянов

2.4   Кто есть кто? Звёзды кинематографии

Найдите информацию о следующих известных деятелях кинематографии в Интернете и сделайте сообщение в классе об одном из них. Вы можете проиллюстрировать свой рассказ клипами из других фильмов, над которыми они работали. (*Совет: Информацию о многих деятелях российского кино вы можете найти на сайте <www.mega.km.ru/cinema>. Вы можете также сделать поиск по интересующей вас фамилии в русскоязычном Google <www.google.com/ru/> или в поисковой системе Yandex <www.yandex.ru>)

Игорь Кваша
Мария Голубкина

2.5   Кто? Где? Когда? 10 вопросов к фильму

1. Когда происходит действие фильма?
2. Сколько лет Насте и Лиде?
3. Сколько раз Нина Елизаровна была замужем?
4. Где она познакомилась с Евгением Анатольевичем?
5. Почему Нина Елизаровна рассердилась на мать?
6. Куда и с кем собиралась ехать Лида?
7. Почему она никуда не поехала?
8. По какому случаю к Нине Елизаровне приходят гости в конце фильма?
9. Какую новость сообщила всем Настя?
10. Чем заканчивается фильм?

2.6 Что сначала? Что потом?

Расположите предложения в том порядке, в каком произошли события в фильме. Используйте, где уместно, следующие союзы: *потом; когда; после того как; в то время как; в то же время; через какое-то время; через несколько дней / лет; несколько дней спустя.*

- Лида сдаёт билет в кассу.
- Мишка спрашивает у Насти, уверена ли она, что это он отец ребёнка.
- Бабушка встаёт с постели.
- Нина Елизаровна замечает незнакомого мужчину, который всё время на неё смотрит.
- Евгений Анатольевич приходит в гости к Нине Елизаровне и дарит ей цветы.
- Марина пытается уговорить Лиду не ехать на юг с Андреем.
- Лида собирается ехать на юг со своим начальником.
- Настя говорит Мишке, что она беременна.
- Жена Андрея говорит Лиде, что её подруга Марина уехала с Андреем на юг.
- К Нине Елизаровне приходят гости, чтобы отметить день рождения её матери.
- Во время ужина Настя объявляет, что она беременна и не собирается делать аборт.
- Нина Елизаровна и её дочери решают, куда поставить кроватку для Настиного ребёнка.
- Нина Елизаровна приглашает Евгения Анатольевича в гости.
- Нина Елизаровна просит Евгения Анатольевича уйти и кричит на мать.
- Пьяный Мишка приходит к Насте домой..

2.7 Кадры из фильма и задания к ним

1. Соедините реплики с кадрами:

    А) Мне не к кому идти. Я совершенно одна. Если он от нас уйдёт...
    Б) И вообще, как это вы узнали, где я живу? Вы что, сыщик, что ли?
    В) Да, забавно!
    Г) А ты уверена, что это от меня?
    Д) Кто обидел мою доченьку? Кто обидел мою маленькую?
    Е) Я прохожу практику во взрослом коллективе.

2. Расположите кадры в хронологическом порядке и кратко расскажите, что происходит в каждом кадре.

3. Конкурс вопросов: задайте как можно больше вопросов к каждому кадру.

4. Опишите отношения между Ниной и её дочерями; между Лидой и Настей; между Ниной и её бывшими мужьями.

5. Расскажите о второстепенных героях фильма (Андрей Павлович, Мишка, Марина). Дополните описания героев вашими собственными предположениями.

2.8 Сцены. Слова. Вопросы.

Слова, которые помогут вам говорить о фильме:

Вопросы:

Утро в доме Нины Елизаровны [0:03:43]:

Вставать / встать
Торопиться
Опаздывать / опоздать на работу
Поздно
Приводить / привести себя в порядок
Ухаживать + за кем?
Одеваться / одеться
Искать
Брать / взять

1. Как проходит утро в семье Нины Елизаровны?
2. Кто ухаживает за бабушкой?
3. Почему Лида сердится на Настю?

Андрей везёт Лиду на работу [0:06:54]:

Заезжать / заехать + за кем?
Ждать (+ кого?) около дома
Садиться / сесть в машину
Ехать / поехать по улице
Высаживать / высадить
Довозить / довезти

4. Кто такой Андрей?
5. Как он относится к Лиде?
6. Как Лида относится к нему?
7. Почему Андрей не довозит Лиду до здания, где они работают?

В городском музее [0:10:48]:

Экскурсовод
Экскурсант
Водить / вести экскурсию по музею
Оглядываться / оглянуться
Беспокоиться + о ком?

8. Где и кем работает Нина Елизаровна?
9. О чём она рассказывает экскурсантам?
10. Как она реагирует, когда Евгений Анатольевич вдруг не приходит в музей?

Евгений Анатольевич ждёт Нину около её дома [0:12:23]:

Ждать + кого? где?
Дарить / подарить цветы + кому?
Приглашать / пригласить (+ кого?) в гости
Парализована
Кормить / накормить + кого?

11. Почему Нина Елизаровна говорит Евгению Анатольевичу: «Вы меня испугали»?
12. Как Евгений Анатольевич относится к Нине Елизаровне? А она к нему?
13. Куда она его приглашает? Зачем?

Лида и Андрей [0:18:52]:

Ехать / поехать
Лететь / полететь
Вместе
Адлер = город-курорт на Чёрном море
Обещать / пообещать + что? кому?
Клясться / поклясться + кому? в чём?

14. Что Андрей обещает Лиде?
15. Почему они не могут ехать вместе?

Сцена примерки купальника [0:20:11]:

Мерить / примерить
Купальник
Грандиозно
Дешёвка

16. Что Настя думает о купальнике?

Утро перед приходом Евгения Анатольевича [0:21:54]:

Принимать / принять аскорбинку (= витамин С)
Учиться в ПТУ (профессионально-техническое училище) = vocational school
Проходить / пройти практику в гастрономе
Готовиться / подготовиться к приходу + кого?
Приводить / привести себя в порядок
Готовить / приготовить обед
Застенчивый мужчина
Провинциален

17. Почему Настя принимает витамин С? Что она говорит об этом матери?
18. Где Настя учится? Где она проходит практику?
19. Как Нина Елизаровна готовится к приходу Евгения Анатольевича?
20. Как Нина Елизаровна описывает Евгения Анатольевича матери?

Лида и её подруга Марина [0:29:19]:

Кобель = о неверном мужчине (slang, vulgar)
Запрещать / запретить + кому? что?
Делать / сделать вид
Залезать / залезть на подоконник
Закрывать / закрыть окно
Падать / упасть + откуда? куда?
Ловить / поймать + кого?
Обнимать / обнять + кого?

21. Что Марина думает об Андрее?
22. Как Лида реагирует на её слова?
23. Что Марина пытается доказать Лиде?
24. Что она для этого делает?
25. Как ведёт себя Андрей Павлович?

На́стя и Ми́шка [0:31:14]:

Бере́менна
Уве́рен/а + в чём?

26. Каку́ю но́вость На́стя сообща́ет Ми́шке?
27. Как Ми́шка реаги́рует на но́вость?
28. Почему́ На́стя бьёт Ми́шку?

По́сле ухо́да Евге́ния Анато́льевича. Ни́на и мать [0:33:54]:

Звони́ть / позвони́ть в ко́локол
Звать / позва́ть + кого́?
Комедиа́нтка
Закрыва́ться / закры́ться руко́й
Перестава́ть / переста́ть (Переста́нь!)
Заставля́ть / заста́вить + кого́?
Разводи́ть / развести́ + кого́?
Пропи́сывать / прописа́ть + кого́? где?
Приходя́щий муж
Голода́ть
Кале́чить / покале́чить жизнь + кому́?
Сжива́ть / сжить со све́ту (со све́та)
Лиша́ть / лиши́ть (+ кого́?) отца́
Изменя́ть / измени́ть фами́лию
Обвиня́ть / обвини́ть + кого́? в чём?
Жале́ть / пожале́ть + кого́?

29. Почему́ Ни́на Елиза́ровна вдруг про́сит Евге́ния Анато́льевича уйти́?
30. Почему́ Ни́на Елиза́ровна называ́ет мать «комедиа́нткой»?
31. Почему́ Ни́на Елиза́ровна развела́сь с обо́ими мужья́ми?
32. Как мать относи́лась к двум бы́вшим мужья́м Ни́ны Елиза́ровны?
33. В чём Ни́на Елиза́ровна обвиня́ет мать?

Ли́да и жена́ Андре́я [0:46:36]:

Улета́ть / улете́ть на юг + с кем?
Я́лта – го́род-куро́рт на Чёрном мо́ре
Свя́зываться / связа́ться (по телефо́ну) + с кем?
Дво́е дете́й
Ста́рший; мла́дший
Оди́н, одна́
Мне не́ к кому идти́. = I have nobody to go to.
Специа́льность
Сдава́ть / сдать биле́т в ка́ссу

34. Что Ли́да узнаёт от жены́ Андре́я?
35. В како́й ситуа́ции оказа́лась жена́ Андре́я?
36. О чём жена́ Андре́я про́сит Ли́ду?
37. Почему́ Ли́да говори́т: «Это вы меня́ извини́те»?
38. Како́е реше́ние принима́ет Ли́да?

Глава 2 : Ребро Адама   31

День рождения бабушки [0:52:25]:

Чи́стить / почи́стить карто́шку
Гото́виться стать ма́терью
Помога́ть / помо́чь + кому?
Накрыва́ть / накры́ть на стол
Целова́ть / поцелова́ть (+ кого?) в щёку
Забо́титься + о ком?
Лека́рство для ба́бушки
Знако́миться / познако́миться + с кем?
Не́рвничать

За столо́м [1:00:33]:

Позвони́ть прокуро́ру
Изоли́ровать + кого? от кого?
Суди́ть / засуди́ть + кого? за что?
Изнаси́лование
Организова́ть або́рт
(Быть) в шо́ке
Как тебе́ не сты́дно!
Стыди́ться / постыди́ться + кого? чего?
Рожа́ть / роди́ть ребёнка + от кого?
Шути́ть / пошути́ть
Отврати́тельно
Противоесте́ственно
Ничего́ стра́шного
Вести́ себя́ (не)прили́чно
Сма́тывать / смота́ть заграни́цу = уе́хать заграни́цу (colloq.)

Ми́шка стучи́т в дверь [1:05:33]:

Я бо́льше не бу́ду!
Сла́бый
Бесхара́ктерный
Э́того допуска́ть нельзя́
Э́то посты́дно
Не́рвничать
Жени́ться + на ком?

39. Как Евгений Анатольевич реагирует на признание Насти в том, что она готовится стать матерью?
40. Как бывшие мужья Нины Елизаровны относятся к ней?
41. Как бывшие мужья Нины Елизаровны относятся к её матери?
42. Представляясь Евгению Анатольевичу, Александр Наумович Гольдберг, второй муж Нины, спрашивает: «Вы не против?». Почему он это говорит? Что он имеет в виду?
43. Настя говорит, что она беременна. Как каждый из присутствующих реагирует на Настину новость?

44. Почему Настя не хочет видеть Мишку?
45. Как она его описывает?
46. Что говорит Мишке Евгений Анатольевич?
47. Почему он бьёт Мишку? Прав ли он?
48. Судя по этой сцене, что вы можете сказать о Евгении Анатольевиче? Какой он?

Бабушка встаёт с постели [1:08:44]:

Дёргать / дёрнуть за верёвку
Колокол
Падать / упасть
Ударить по голове
Шевелить / пошевелить + чем? (пальцами)
Добывать / добыть
Добытчица
Нам надеяться не на кого
Мы ещё себя покажем
Будь здорова!
Ставить / поставить + что? куда?
Детская кроватка
Планировать
Запеть
Вставать / встать с постели

49. Что происходит в комнате бабушки?
50. Почему Нина Елизаровна называет Настю «добытчицей»?
51. Что Нина Елизаровна, Лида и Настя собираются делать? Что это говорит об их отношениях друг с другом?
52. Опишите реакцию Нины Елизаровны, Лиды и Насти, когда они увидели, что бабушка встала с постели. О чём каждая из них думает?

2.9 Расскажите об эпизоде

Выберите один или два эпизода из фильма (задание 2.8) и подробно расскажите о них, используя лексику эпизодов и подходящие по смыслу союзы: *сначала; после этого; потом; перед тем как; после того как; в то же время; в то время как; пока; когда; в это время; а; но*.

2.10 Реплики из фильма

Кто, кому и когда это говорит?

1. Приходите ко мне завтра часам к десяти утра. Я завтра работаю во второй половине дня. Хоть накормлю вас нормально.
2. Меня нет дома. Я на дискотеке. Вернусь поздно. И прошу мне не звонить. Вообще никогда.
3. Они уехали вместе на юг. С вашей подругой. С Мариной...
4. Стоя! Стоя! За бабушку все пьём стоя.
5. У меня две взрослые дочери, от очень разных мужей.
6. Ты всегда жила так, как ты хотела. Ты и меня заставила жить так, как ты хотела.
7. Так ... Где же мои перчатки?
8. У меня тут книга для тебя есть. Очень интересная для тебя как для будущего юриста. Уголовный Кодекс называется.
9. Ну, кто тебя обидел? Кто обидел мою маленькую?
10. Вот если бы ты забеременел, это было бы отвратительно и противоестественно. А девочка в пятнадцать лет ...

Глава 2 : Ребро Адама   33

2.11 Головоломка

Используя по одному слогу из каждой колонки, найдите здесь слова из списка в 2.8. Начало каждого слова дано в первой колонке.

БА	ТРА	СЯ
ЗАВ	ДА	РИТЬ
КО	ДИТЬ	ГАТЬ
ПРИ	ДИТЬ	ВАТЬ
ПО	ДА	ЗИТЬ
ПО	ВО	СЯ
НА	МО	ШКА
У	КРЫ	КАТЬ
СА	ЛО	КОЛ
СЕР	БУ	ШАТЬ
ДО	ГЛА	РИТЬ

2.12 Кроссворд

Слово по вертикали: Каждое утро в доме Нины Елизаровны начинается с того, что Лида и Настя спорят о том, кто будет _____ за бабушкой.

Слова по горизонтали:

- Лида влюблена в своего _____(9)_____.
- После того, как Лида узнала, что Андрей _____(1)_____ её, она решила _____(8)_____ новую работу.
- Бабушка не может встать с постели, потому что она _____(3)_____. Однако в финале фильма совершенно неожиданно бабушка снова может _____(2)_____.
- Нина Елизаровна работает в _____(5)_____ музее. Она – _____(6)_____.
- Узнав, что Настя беременна, отец Лиды советует ей сделать _____(7)_____. Настя же говорит, что она хочет _____(4)_____.

2.13 Сцены из фильма

Напишите о сцене, которая ...
  а) больше всего вам понравилась;
  б) кажется вам самой смешной;
  в) по вашему мнению, является кульминационной сценой фильма;
  г) кажется вам наименее важной, потому что она ничего не добавляет к развитию сюжета.

Эти слова помогут вам выразить ваше мнение. Расширенный список подобных слов и выражений вы найдёте на странице 163.

В конце концов	Одним словом
В отличие от	По мнению (кого?)
Вместо того, чтобы	По следующим причинам
Во-первых, ... Во-вторых,... В-третьих,...	По сравнению с тем, что
Дело в том, что	Поскольку

Для того, чтобы	После того, как
Если	После этого
Если бы	Потому (,) что
Значит	Поэтому
Из-за того, что...	Прежде всего
К сожалению	При условии, что
Кажется	С одной стороны...., с другой стороны...
Когда	С точки зрения (кого?)
Кроме того, что	Судя по тому, что
Например	Так как
Несмотря на то, что	Таким образом
Но	Тем не менее
Однако	Хотя

2.14 Сценаристы и актёры

Напишите и разыграйте в классе сцену, которой нет в фильме. Например, Марина и Андрей возвращаются с юга. В сцене участвуют Лида, Марина, Андрей и жена Андрея.

2.15 Напишите

1. Марина и Лида: подруги или соперницы?
2. Объясните роль бабушки в фильме.
3. Мужчины и женщины в фильме: сильные и слабые?
4. Посмотрите американский фильм "Adam's Rib" (1949 г.) и сравните его с «Ребром Адама».

2.16 Перевод

- Прочитайте два разговора между Ниной и Евгением Анатольевичем.
- Перепишите их в косвенной речи.
- Переведите на идиоматичный английский.

(Евгений Анатольевич ждёт Нину около её дома.)

(Нина) - Господи, Евгений Анатольевич, как вы меня напугали! Ну куда вы подевались [= исчезли]? Я уж думала, что вам где-то плохо стало. И вообще, как это вы узнали, где я живу? Вы что, сыщик, что ли?

(Евгений Анатольевич) - Нет, я инженер.

(Нина) - С вами всё в порядке?

(Евгений Анатольевич) - А что со мной может случиться?

(Нина) - А чёрт его знает? Две недели ходить в один и тот же музей – любой может сбрендить [= с ума сойти].

(Евгений Анатольевич) - Я не в музей хожу.

(Нина) - А куда же?

(*Евгений Анатольевич*) - К вам.

(*Нина*) - Евгений Анатольевич, у меня мать парализована. У меня две взрослые дочери от очень разных мужей. Я себе уже давно не принадлежу. Немедленно прекратите ходить в наш музей. На вас историко-революционная экспозиция действует разрушающе. ... Ну, давайте мне эти ваши цветы. Если, конечно, они мне. Спасибо. Чёрт с вами! Приходите ко мне завтра часов в десять утра. Я завтра работаю во второй половине дня, так что хоть нормально накормлю вас. Квартира семьдесят два.

(*Евгений Анатольевич*) - Я знаю.

(*Нина*) - Вы поразительно подозрительный тип. Ну, ладно. Пока.

[...]

(*Евгений Анатольевич звонит в дверь.*)

(*Нина*) - Иду, иду.

(*Евгений Анатольевич*) - Здравствуйте, Нина Елизаровна.

(*Нина*) - Здравствуйте, Евгений Анатольевич. Проходите. Ничего, ничего. (*Евгений Анатольевич начинает снимать ботинки*) Немедленно прекратите этот стриптиз. У нас это не принято.

(*Евгений Анатольевич*) - Что вы, как можно?

(*Нина*) - Я кому сказала? Обувайтесь. Тоже мне, герой-любовник в носочках. А где вы розочки брали?

(*Евгений Анатольевич*) - На Белорусском вокзале.

(*Нина*) - Вы нормальный человек? Там же каждая розочка по пять рублей штука. Вы что, наследство получили?

(*Евгений Анатольевич*) - Нет, суточные и компенсацию на неиспользованный отпуск.

(*Нина*) - Да, вы действительно нездоровы. Но я вами займусь.

(*Евгений Анатольевич*) - Я об этом могу только мечтать.

(*Нина*) - Раздевайтесь, раздевайтесь.

2.17 Перевод

- Переведите монолог Нины на идиоматичный русский. Сравните с монологом в фильме.

(Nina rushes into the room where her mother's bed is.)
Well, let's talk this out. What did you need from me? Explain, why did you call for me? I fed you an hour ago. I changed the sheets for you. I emptied your bedpan. What do you want from me? Why are you hiding your face, you comedian? Has anyone ever hit you? Has anyone ever reproached you for anything? Don't hide your face! Take your hand away from your face! You've always lived as you wanted. You made me live as you wanted. You made me divorce Victor. You didn't want to register [= пропи́сывать / пропи́сать] him in our house. And Lida was only four then. Maybe he wasn't so smart, but he was my daughter's — your granddaughter's — father. He was my husband. Damn you! I could have made a real person out of him. But no, a student wasn't good enough for you. And now, he has everything he wants in life, while we are nothing, we are starving. I can't afford to buy an extra pair of panty hose for myself. The girls are wearing God knows what. You wrecked my entire life, do you understand? I have no life of my own. Do you remember Sasha? You tried to drive him to his grave only because his

last name was Goldberg. You deprived Nastya of her father. You made her change her last name. And, by the way, he still loves me a lot. He still does! And he adores Nastya. I'll be fifty in six months. Once in a life time, a nice normal man came into my life. He wanted to take you to a warm place in the South, so you could sit in the meadows, smelling flowers. My God, my God! When will this end? ... What's wrong? Why are you crying? Mom, stop it. It's ok. Don't cry, mommy deary. I am sorry. Forgive me. That was all lies. Forgive me. I am such an idiot. Why did I get all worked up? Here, mom, drink some water. I am an old fool. Everything I said was a lie. Forget it all, mom. We have a great life! We live very well. And everything will be just fine with us and even better.

2.18 Перевод

- Переведите текст на идиоматичный русский, используя союзы и соединительные слова и фразы (см. задание 2.13) и обращая внимание на русские эквиваленты местоимений *who, whose, that, and which*.

The main character of "Adam's Rib" is Nina Elizarovna, a museum guide. She is trying to date a nice man, Evgeny Anatolevich, who may become her third husband. I say "trying to date" because Nina doesn't really have time for a man. She is very busy, not only with her museum job, but also caring for her bed-ridden mother as well as her own two grown daughters (from two husbands).

Nina's oldest daughter is seeing a married man. During the course of the movie Lida learns that Anatoly Pavlovich doesn't really love her, and she breaks off their relationship. Her fifteen-year-old little sister, Nastya, is pregnant and wants to have the child, even though she doesn't want to see the father anymore (he insulted her by asking if she was sure he was the father).

For some unimaginable reason, Nina decides to invite the fathers of both her children and Evgeny Anatolevich to a birthday party for her mother. Nastya decides that this is a good time to share the news that she is two months pregnant. Quite a scandal results, but in the end the two daughters and their mother start planning how to make room in the apartment for the baby. As the three women discuss the new situation, the grandmother, who hasn't uttered a word throughout the film, gets out of bed and stands by the table, singing quietly.

Is this a film about women who don't need men or about women who are dependent on men? Why is the film called "Adam's Rib"? Why is the grandmother mute and bedridden until she suddenly gets out of bed at the end of the film? What will the future bring to the younger women in the family? How common are these women's problems in Russia today?

2.19 Рекламный ролик

- Напишите сценарий и разыграйте рекламный ролик к фильму (5-7 минут). Ваша задача привлечь зрителя в кино.
- Снимите этот ролик на видео и покажите его в классе.

2.20 Симпозиум

- Напишите ответ на вопрос «Нужно ли вступать в брак, чтобы создать семью?»
- Подготовьтесь к обсуждению в классе.

2.21 О фильме

Прочитайте и проанализируйте рецензию.

- Какие черты фильма позволяют охарактеризовать его как трагедию и какие как комедию?
- В чём причина успеха фильма у зрителей?

Драма или комедия? К какому жанру можно отнести фильм «Ребро Адама»? Решение зрителя зависит не столько от истории, рассказанной авторами фильма, сколько от того, как зрители воспринимают мир. Иными словами, пессимист скажет, что фильм относится к жанру семейно-бытовой драмы, или даже трагедии, а оптимист перескажет сюжет фильма, обращая внимание на юмористические, порой абсурдные элементы сюжета. В фильме можно найти подтверждение и той, и другой интерпретации. С одной стороны, безысходность ситуации каждой из трёх героинь. Хотя Нина Елизаровна, главная героиня фильма, уже давно вступила в пору, когда женщина может, наконец, заняться собой, своей собственной жизнью, она по-прежнему не принадлежит себе. Вместе с ней в квартире живут две её взрослые дочери, в проблемы которых Нине Елизаровне приходится постоянно вмешиваться. Кажется, что дочери Нины идут по несчастливым стопам матери. У старшей, Лиды, роман с её женатым начальником. Младшая Настя, забеременев, заявляет, что собирается рожать и растить ребёнка без мужа. Кроме дочерей, с Ниной живёт её парализованная мать, уход за которой практически целиком лежит на Нине. Несмотря на то, что мать парализована, она продолжает контролировать Нинину жизнь.

Пессимисту трудно рассмотреть комедийное в подобных абсурдных и гротескных ситуациях. Но именно гротеск и абсурд ситуаций в фильме порождают юмор. Оптимист выделит и другие черты фильма. Несмотря на материальные и моральные трудности, все три героини готовы поддержать друг друга. Эта сплочённость и помогает им не поддаваться ударам судьбы и надеяться на лучшее.

Фильм снят в пост-перестроечное время, и хотя он очень узко фокусируется на неустроенности жизни героинь фильма, в нём присутствует ощущение шаткости и неустроенности всей советской системы. И поэтому зритель легко ассоциирует собственные жизненные ситуации с перипетиями героев фильма. И в этом, как кажется, причина его успеха и у оптимистов, и у пессимистов.

2.22 Начинающий кинокритик

Напишите свою собственную рецензию на фильм. Вы можете поместить её на следующие сайты <www.ozon.ru>, <www.bolero.ru>.

2.23 Текст и фильм

Прочитайте отрывок из повести Анатолия Курчаткина «Бабий дом», по мотивам которой Владимир Кунин написал сценарий фильма «Ребро Адама». В этом отрывке один из бывших мужей Нины Елизаровны размышляет о женской эмансипации.

- Как героини представлены в фильме, и как, судя по отрывку, они представлены в повести А. Курчаткина?
- О каких «женских» вопросах идёт речь в фильме? Можно ли назвать «Ребро Адама» феминистским фильмом?
- Можно ли назвать трёх героинь фильма «эмансипированными» женщинами?

(Виктор Витальевич) - Нина, она тот самый как раз тип вполне, как говорится, эмансипированной женщины... так что где ей и производить впечатление, как не на работе. [...] Знаете ли, я вам должен сказать, что раньше, до всей этой так называемой эмансипации, женщине жилось лучше. Счастливей. Женщина – это ведь профессия. И мужчина – профессия. Две разные профессии. Мужчина остался мужчиной, а женщина стала ... И мужские функции на неё возложили, и женские при ней оставили... Женщина сама больше всего и страдает от нынешнего положения вещей. [...] Что в женщине идеальное? Материнство. Материнство – это ведь не только родить. Это воспитать. Это труд. Громадный. Грандиозный. [...] А когда женщине исполнять его? Некогда. Она другой труд исполняет – что ей мужчины от себя отдали. [...] Вы меня ещё обвините, будто я умственно отсталыми их считаю!.. Есть и учёные, и руководители, кого только нет. Но всё за счёт материнства... Или она вообще, глядишь, не рожает. Или родит одного – и уже несчастна: ах, вся её карьера прахом пошла! А то своё материнское на кого-нибудь другого перекладывают. Воля покрепче – так и на мужа, глядишь.

Глава 3

Кавказский пленник

«Караван» (Россия), 1996 г., драма, 90 мин

Награды:
Конкурсный показ на Каннском кинофестивале. Номинация на Оскар в категории «Лучший фильм на иностранном языке» (1997 г.). Премия «Ника» (Россия, 1996 г.) в номинации «Лучшая мужская роль» (разделили Сергей Бодров-младший и Олег Меньшиков), «Лучшая режиссёрская работа», «Лучшая операторская работа», «Лучшая сценарная работа», «Лучший игровой фильм». На кинофестивале «Кинотавр» (Россия, 1996 г.) Сергей Бодров-старший получил главную премию конкурса.

3.1 Несколько слов о фильме

Фильм поставлен по мотивам повести Льва Толстого «Кавказский пленник». На Кавказе идёт война. Прапорщик Саня и рядовой Ваня Жилин попадают в плен. Абдул-Мурат хочет обменять их на своего сына, который находится в плену у русских. Но обмен не состоится. Убивают Саню. Убивают сына Абдул-Мурата. Казалось, неминуемая смерть суждена и Ване Жилину...

3.2 Над фильмом работали

Режиссёр	Сергей Бодров-старший. Сценарист, режиссёр, журналист и писатель. Родился 28. 06. 1948 г. в Хабаровске. Окончил сценарный факультет ВГИКа (1974 г.). По его сценариям снято более двадцати художественных фильмов, завоевавших широкую популярность зрителя («Баламут», «Любимая женщина механика Гаврилова», «Не ходите, девки, замуж» и т. д.). В 1991 г. во Франции издана книга Бодрова «Свобода = Рай», по которой в 1989 г. был снят фильм «СЭР».
Сценарист	Ариф Алиев, Сергей Бодров-старший, Борис Гиллер
Автор сюжета	Борис Гиллер
Оператор	Павел Лебешев
Композитор	Леонид Десятников
Продюсеры	Сергей Бодров-старший, Борис Гиллер

3.3 Действующие лица и исполнители

Действующие лица:	Исполнители:
Саша Лайн /Саня (прапорщик)	Олег Меньшиков. Актёр. Снялся в более двадцати фильмах. Родился 08.11.1960 г. Окончил Театральное училище им.Щепкина. В 1981-1982 гг. — актёр Малого театра, в 1982-1985 гг. — Центрального академического театра Советской Армии, в 1985-1989 гг. — театра им. Ермоловой. Лауреат премии им. Лоуренса Оливье Британской Академии искусств за роль Сергея Есенина в спектакле «Когда она танцевала» (1982 г.), Лауреат Российской независимой премии «Триумф» (1995 г.) за выдающийся вклад в отечественную культуру).

Ваня Жилин (рядовой)

Абдул-Мурат

Дина (дочь Абдул-Мурата)

Хасан (родственник Абдул-Мурата)

Сергей Бодров-младший

Джемал Сихарулидзе

Сусанна Мехралиева

Александр Буреев

3.4 Кто есть кто? Звёзды кинематографии

Найдите информацию о следующих известных деятелях кинематографии в Интернете и сделайте сообщение в классе об одном из них. Вы можете проиллюстрировать свой рассказ клипами из других фильмов, над которыми они работали. (*Совет: Информацию о многих деятелях российского кино вы можете найти на сайте <www.mega.km.ru/cinema>. Вы можете также сделать поиск по интересующей вас фамилии в русскоязычном Google <www.google.com/ru/> или в поисковой системе Yandex <www.yandex.ru>)

Сергей Бодров-младший
Джемал Сихарулидзе

3.5 Кто? Где? Когда? 10 вопросов к фильму

1. Когда и где происходит действие фильма?
2. Что вы узнали о главных героях фильма?
3. Как Саша и Ваня попадают в плен?
4. Почему Абдул-Мурат забирает их к себе в аул?
5. Почему приезжает Ванина мать?
6. Есть ли у Саши семья?
7. Почему Сашу убивают?
8. Как погибает сын Абдул-Мурата?
9. Как Дина пытается помочь Ване?
10. Чем заканчивается фильм?

3.6 Что сначала? Что потом?

Расположите предложения в том порядке, в каком произошли события в фильме. Используйте, где уместно, следующие союзы: *потом; когда; после того как; в то время как; в то же время; через какое-то время; через несколько дней / лет; несколько дней спустя*.

- Абдул-Мурат ведёт Ваню на расстрел.
- Приезжает Ванина мать.
- Саша и Ваня попадают в плен к Абдул-Мурату.
- Русские убивают сына Абдул-Мурата.
- Абдул-Мурат сажает Ваню в яму.
- Абдул-Мурат заставляет Сашу и Ваню написать письма их семьям.
- Сашу и Ваню везут разминировать дорогу.
- Ванина мать встречается с Абдул-Муратом и просит его о помощи.
- Саша и Ваня бегут из плена.
- Вертолёты российской армии летят по направлению к аулу.
- Ванина мать пытается уговорить коменданта устроить обмен.
- Горцы убивают Сашу.
- Ваня делает игрушку для Дины.
- Дина пытается помочь Ване убежать.
- Саша убивает Хасана и пастуха.

3.7 Кадры из фильма и задания к ним

1. Соедините реплики с кадрами.

    А) – Слушай, мне прям не верится, что нас обменяют. – А нас может ещё и не обменяют.

    Б) Как «дезодорант» пишется?

    В) Хороший ты мужик, отпустил бы ты нас.

    Г) – А ты бы хотел сюда вернуться? – Нет. – А я бы хотел. Только в новом камуфляже, в кроссовочках, чтоб у тебя – огнемёт, у меня – СВД.

    Д) Когда война кончится, мы здесь бар откроем. Назовём «У Хасана».

    Е) Они тебя обманут, мать. Им, вообще, верить нельзя никому, даже детям.

Глава 3 : Кавказский пленник   45

2. Расположите кадры в хронологическом порядке и кратко расскажите, что происходит в каждом кадре.

3. Конкурс вопросов: задайте как можно больше вопросов к каждому кадру.

4. Опишите отношения между Сашей и Ваней, Абдул-Муратом и пленниками, Диной и пленниками.

5. Расскажите о второстепенных героях фильма (Хасан, комендант, мать Вани). Дополните описания героев вашими собственными предположениями.

3.8 Сцены. Слова. Вопросы.

Слова, которые помогут вам говорить о фильме:

Заса́да [0:04:10]:

***Режиссёр фильма наме́ренно не называ́ет ме́сто, где происхо́дят собы́тия в фи́льме.

Го́рцы = о́бщее назва́ние для многочи́сленных наро́дностей, живу́щих в Кавка́зском регио́не.

Стреля́ть/вы́стрелить (+ в кого́?) из автома́та
Пле́нные
Бара́к
Шуме́ть
Крича́ть; раскрича́ться
«Си́ний плато́чек» = пе́сня, популя́рная во вре́мя Вели́кой Оте́чественной войны́ (см. текст пе́сни в конце́ главы́)
Война́, на войне́
Е́хать на БМП (боева́я маши́на пехо́ты) по го́рной доро́ге
Попа́сть / попада́ть в заса́ду
Перестре́лка
Солда́ты
(Быть) ра́неным
Оставля́ть / оста́вить + кого? где?
Попада́ть / попа́сть в плен + к кому́?
Брать / взять (+ кого?) в плен

Вопро́сы:

1. В кого и почему стреляет Саша?
2. Как Саша и его солдаты попали в засаду?

Глава 3 : Кавказский пленник

Абдул-Мурат и Хасан привозят пленников в аул [0:08:34]:

Горы, в горах
Горный аул
Без сознания
Лечить / вылечить (+ кого?) травами
Сковать (+ кого?) цепями
Лить / полить (+ кому?) воды
Умываться / умыться
Просить / попросить + кого? о чём?
Отказываться / отказаться
Старше по званию
Прапорщик
Рядовой
Раздражённо
Саркастично

3. Куда Абдул-Мурат привозит пленников?
4. В каком они состоянии?
5. Что Абдул-Мурат делает с пленниками?
6. Как Ваня обращается к Саше? Почему?
7. Как Саша относится к Ване? Почему?

Абдул-Мурат и старшины аула [0:20:24]:

Привозить / привезти
Убивать / убить
(У кого?) нет выхода
Брать / взять (+ кого?) в плен
Облава (во время облавы)
Тюрьма
Выкупать / выкупить + кого/что? у кого?
Продавать / продать + кого? кому?
Комендант города
Обменивать / обменять + кого? на кого?

8. Почему старшины считают, что держать русских пленных в ауле опасно?
9. Что случилось с сыном Абдул-Мурата?
10. Где он сейчас находится?
11. Зачем Абдул-Мурат привёз пленников к себе в аул?

Саша и Ваня в плену [0:21:40]:

Продавать / продать
Покупать / купить
Денег не хватит
Зарезать
Успокаивать / успокоить
Договориться + с кем? о чём?
Дорого

12. Как Саша объясняет Ване, что с ними будет?
13. О ком беспокоится Ваня?

Попытка обмена [0:24:10]:

Надевать / надеть (+ кому?) мешок на голову
Обманывать / обмануть + кого?
(Не) состояться
(Не) брать / взять пленных
Привозить / привезти

14. Почему обмен пленными не состоялся?

В ау́ле [0:27:56]:

Прика́зывать / приказа́ть + что? кому?
Писа́ть / написа́ть письмо́ + кому?
Догова́риваться / договори́ться + с кем? о чём?
Хитри́ть / схитри́ть
Заре́зать + кого?

Абду́л-Мура́т в го́роде [0:31:00]:

Отправля́ть / отпра́вить пи́сьма
Сапо́жник

Ди́на [0:33:35]:

Де́лать / сде́лать игру́шку + кому?
Пти́ца
Пода́рок + кому?
Дичи́ться + кого?
Подружи́ться + с кем?

Пле́нники и Ди́на [0:34:33]:

Грузи́ть ка́мни на пово́зку
Стреля́ть / вы́стрелить + в кого?
Сбежа́ть + от кого? с кем?
Иска́ть / найти́
Убива́ть / уби́ть
Сиде́ть в тюрьме́
Сказа́ть ли́шнее сло́во
Отре́зать (+ кому?) язы́к

Са́ша и Ва́ня иду́т на рабо́ту [0:39:48]:

Возвраща́ться / верну́ться + отку́да? куда́?
Камуфля́ж
Огнемёт
СВД = сна́йперская винто́вка Драгуно́ва
Двор
Остава́ться / оста́ться
Приглаша́ть / пригласи́ть + кого? куда́?
Война́

15. Что Абдул-Мурат приказывает делать Саше и Ване? Зачем?
16. Что Саша рассказывает Ване о своей семье?
17. О чём Саша просит в письме?
18. Какая у Вани семья?

19. О чём Абдул-Мурат просит сапожника?

20. Как Дина реагирует на подарок Вани?
21. Как изменилось её отношение к пленникам?

22. Кто и почему стрелял в пленных?
23. Сколько у старика сыновей?
24. Где они сейчас?
25. Где и как Хасан потерял свой язык?
26. Почему Дина грустная?

27. Как Саша представляет себе своё возвращение в аул? При каких обстоятельствах? Что он сделает с Хасаном, Абдул-Муратом и Диной?
28. Что Ваня об этом думает?

Са́ша и Ва́ня пра́зднуют Са́шин день рожде́ния [0:42:12]:

Бежа́ть / убежа́ть
Копа́ть / раскопа́ть дыру́ в стене́
День рожде́ния
Пра́здновать / отпра́здновать
Ви́нный по́греб
Открыва́ть / откры́ть бар
Вербова́ть / завербова́ть (+ кого́?) в а́рмию
Ору́жие
Ба́бки = де́ньги (slang)
Чини́ть / почини́ть часы́ + кому́?
Марш «Проща́ние Славя́нки» – под э́тот марш новобра́нцев провожа́ют в а́рмию. (См. текст пе́сни в конце́ главы́.)
Пла́кать / запла́кать
Провали́ться в коло́дец
Иска́ть
Находи́ть / найти́
Засы́пать коло́дец песко́м
Впечатли́тельная
Детдо́м = де́тский дом
Детдо́мовский
Повари́ха = же́нщина-по́вар
Уда́риться голово́й о проти́вень

29. Как Саша и Ваня оказались в погребе?
30. Как Саша и Ваня празднуют Сашин день рождения?
31. Что случилось с Ваней, когда он был маленьким?
32. Что тогда сделала мать Вани?
33. Почему Саша пошёл служить в армию?
34. Почему Саша плачет?
35. Кому Саша писал письмо? Что с ней случилось?
36. Как вы думаете, Саша говорит правду или придумывает?

Мать Ва́ни у коменда́нта [0:53:23]:

Коменда́нт го́рода
Комендату́ра
Банди́ты
Пыта́ться / попыта́ться
Устра́ивать / устро́ить обме́н
Меня́ть / обменя́ть + кого́? на кого́?
Но́са не показа́ли = не пришли́ (colloq.)
Заключённый
Прогу́ливаться / прогуля́ться (+ с кем?) по у́лице
Обма́нывать / обману́ть + кого́?

37. Что комендант говорит матери Вани о горцах?
38. Почему, по словам коменданта, обмен пленниками не состоялся?
39. Что Ванина мать предлагает сделать, чтобы обменять пленников?
40. Готов ли комендант ей помочь?
41. Куда и зачем идёт Ванина мать после визита к коменданту?

Ночью [0:56:15]:

Прика́зывать / приказа́ть + кому? что?
Ключ
Снять це́пи + с кого?
Иска́ть / найти́
Ми́на
Стреля́ть / застрели́ть
Размини́ровать доро́гу
Подорва́ться на ми́не

42. Куда горцы увозят пленников ночью? Зачем?
43. О чём Саша просит Абдул-Мурата?
44. Что с пленниками может случиться?
45. Как горцы обращаются с пленниками?

На пра́зднике [0:59:51]:

Пра́здник
Боро́ться + с кем?
Соревнова́ние по борьбе́
Боре́ц (pl. борцы́)
Ора́ть / заора́ть
Гро́мко, гро́мче

46. Куда привозят Сашу и Ваню?
47. В какую ситуацию попадает Ваня?
48. Что Саша советует делать Ване?

Абду́л-Мура́т и мать Ва́ни [1:08:10]:

Враги́
Наде́яться + на кого?
(У кого?) нет друго́го вы́хода

49. О чём просит Абдул-Мурата Ванина мать?
50. Что он ей обещает?

Попы́тка побе́га [1:09:23]:

Признава́ться / призна́ться + кому? в чём?
Больно́й сын
Посыла́ть де́ньги + кому? куда?
Пыта́ться / попыта́ться
Бежа́ть / убежа́ть
Побе́г
Догоня́ть / догна́ть
Дра́ться + с кем?
Уда́рить (+ кого?) ка́мнем по голове́
Сбра́сывать / сбро́сить (+ кого?) с обры́ва

51. О чём Саша просит Ваню в последний момент перед побегом?
52. Как Саша и Ваня поступают с Хасаном?
53. Есть ли разница в отношении Саши и Вани к Хасану? Если да, что это говорит о Ване и о Саше?

На свобо́де [1:11:52]:

Пасту́х
Отобра́ть (+ у кого?) винто́вку
Патро́н
Заколо́ть + кого? чем?
Лови́ть / пойма́ть + кого?
Уводи́ть / увести́ + кого? куда?
Перере́зать го́рло + кому?

54. Что Саше нужно от пастуха?
55. Как Саша поступает с пастухом?
56. Куда и зачем уводят Сашу?

Глава 3 : Кавказский пленник   51

Ваню возвращают в аул [1:14:23]:

Сажать / посадить (+ кого?) в яму
Сидеть на цепи в яме
Приносить / принести еду и воду
Голодать
Свататься / посвататься + за кого?

57. Как Дина относится к Ване?
58. Как Ваня относится к Дине?

Ваня и человек с часами [1:19:18]:

Ремонтировать / отремонтировать
(Не) успевать / успеть

59. О чём мужчина просит Ваню?
60. Почему Ваня говорит: «Не успею я»?

У коменданта [1:20:02]:

Наступать
Отступать
Драться
Мириться
(Не) выдерживать / выдержать
Бежать / убежать
Стрелять + в кого?
Застрелить + кого?

61. Как, по словам коменданта, местное население относится к российским солдатам?
62. Что комендант думает о войне?
63. Почему горец стреляет в сына?
64. В создавшейся панике сын Абдул-Мурата пытается убежать. Что происходит после этого?

Дина и Ваня [1:23:57]:

Помогать / помочь + кому?
Оставлять / оставить + кого/что? где?
Шакалы
Хоронить / похоронить
Приносить / принести + что? кому?
Ключ
Просторная могила

65. О чём Ваня просит Дину?
66. Почему Дина говорит: «Ты должен умереть»?
67. Что она ему обещает?

Абдул-Мурат забирает тело сына из комендатуры домой [1:25:00]:

Грузить / погрузить + на что?
Грузовик
Успокаивать / успокоить + кого? чем?
Отомстить + кому? за кого/что?

68. Как вы считаете, о чём сейчас думает Ванина мать?
69. Как комендант её «успокаивает»?
70. Что вы думаете о коменданте?

Ди́на пыта́ется помо́чь Ва́не [1:26:21]:

Броса́ть / бро́сить ключ в я́му
Отка́зываться / отказа́ться
Проща́ть / прости́ть + кого́?
Вести́ / повести́ + кого́? куда́?
Прице́ливаться / прице́литься + в кого́?
Стреля́ть / вы́стрелить + куда́? в кого́?

71. Как Ди́на пыта́ется помо́чь Ва́не?
72. Почему́ Ва́ня отка́зывается бежа́ть?
73. О чём Ди́на про́сит отца́?
74. Почему́ Абду́л-Мура́т отка́зывается её слу́шать?
75. Что сде́лал Абду́л-Мура́т с Ва́ней? Почему́?
76. Куда́ и заче́м летя́т вертолёты?
77. Почему́ Ва́ня кричи́т: «Не на́до»?

Го́лос Ва́ни за ка́дром [1:32:22]:

Держа́ть / продержа́ть + кого́? где?
Го́спиталь
Комиссова́ть
Сни́ться / присни́ться + кому́?

78. Что произошло́ с Ва́ней по́сле пле́на?
79. Ва́ня говори́т, что он бо́льше никогда́ не уви́дит люде́й, кото́рых он люби́л. О ком он говори́т? Почему́?

3.9 Расскажите об эпизоде.

Выберите один или два эпизода из фильма (задание 3.8) и подробно расскажите о них, используя лексику эпизодов и подходящие по смыслу союзы: *сначала; после этого; потом; перед тем как; после того как; в то же время; в то время как; пока; когда; в это время; а; но.*

3.10 Реплики из фильма

Кто, кому и когда это говорит?

1. Матерям письма пишите, чтоб приехали и чтоб сами договаривались с комендантом об обмене!
2. Почему ты не плачешь над братом? Русские убили его. И мы должны убивать русских.
3. – Я слышала, твой сын учитель? Я тоже учительница. – Это неважно сейчас. Мы с тобой враги.
4. Ну, в общем, у меня сын в Чите больной, я туда деньги посылаю. Адрес у замполита возьмёшь.
5. Ты замуж ещё не вышла? Я бы посватался.
6. Да что это за война? То наступай, то отступай.
7. – Ну, что ты сидишь? Беги. – Не могу я. Здесь тебя не простят.
8. – Я подумал, может быть, нам отпуск дадут, а? – Это за какие заслуги?
9. Да, ребята, я думал, вы сегодня подорвётесь. Считайте, что второй раз родились. Отдыхайте. Пейте, кушайте, я отвечу за вас.
10. Пошли. Иди и не оглядывайся!

3.11 Головоломка

Используя по одному слогу из каждой колонки, найдите здесь слова из списка в 3.8. Начало каждого слова дано в первой колонке.

ОБ	МА	ЖАТЬ
КО	ТОМ	СЯ
У	СЫ	СЯ
ПЛЕН	РОТЬ	КИ
У	БЕ	НЯТЬ
ВЫ	МЕ	ЛИТЬ
ОБ	СТРЕ	НУТЬ
ПРИ	БИ	ДАНТ
О	МЕН	СТИТЬ
ПО	СНИТЬ	ЛАТЬ
БО	НИ	ВАТЬ

3.12 Кроссворд

Слово по вертикали: Когда Абдул-Мурат привёз пленников в аул, оба они были без _____.

Слова по горизонтали:

- Саша и его солдаты попали в _____(3)_____ в горах.
- Во время перестрелки Саша и Ваня были _____(4)_____.
- Абдул-Мурат хотел _____(8)_____ их на своего сына, находившегося в плену у русских.
- Мать Вани не считала Абдул-Мурата _____(5)_____. Она _____(6)_____ на то, что он ей поможет.
- Дина рассказала Ване и Саше, что жена Хасана, её сестра, _____(1)_____ от него с русским геологом.
- Оказалось, что Саша _____(2)_____ деньги для больного сына, который живёт в Чите.
- Абдул-Мурат _____(7)_____ в Ваню, но выстрелил в воздух.

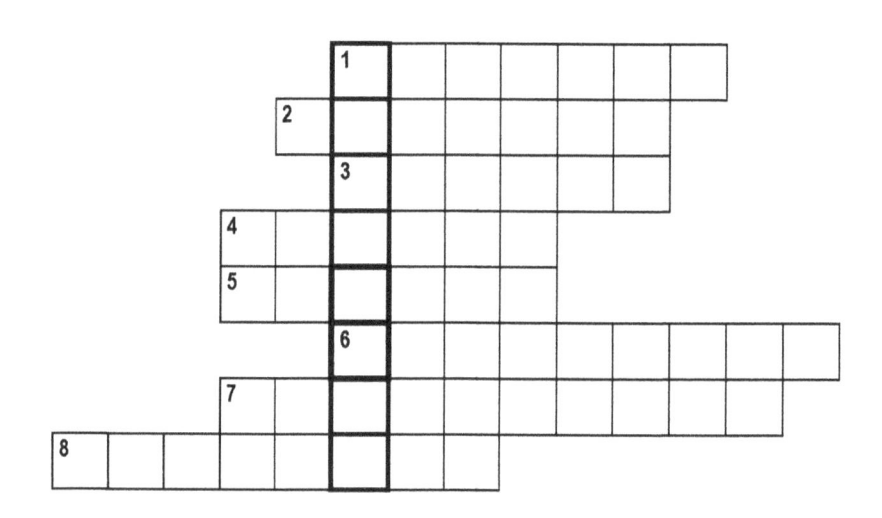

3.13 Сцены из фильма

Напишите о сцене, которая ...
   а) больше всего вам понравилась;
   б) кажется вам самой смешной;
   в) по вашему мнению, является кульминационной сценой фильма;
   г) кажется вам наименее важной, потому что она ничего не добавляет к развитию сюжета.

Эти слова помогут вам выразить ваше мнение. Расширенный список подобных слов и выражений вы найдёте на странице 163.

В конце концов	Одним словом
В отличие от	По мнению (кого?)
Вместо того, чтобы	По следующим причинам
Во-первых, ... Во-вторых,... В-третьих,...	По сравнению с тем, что
Дело в том, что	Поскольку
Для того, чтобы	После того, как
Если	После этого
Если бы	Потому (,) что
Значит	Поэтому
Из-за того, что...	Прежде всего
К сожалению	При условии, что
Кажется	С одной стороны...., с другой стороны...
Когда	С точки зрения (кого?)
Кроме того, что	Судя по тому, что
Например	Так как
Несмотря на то, что	Таким образом
Но	Тем не менее
Однако	Хотя

3.14 Сценаристы и актёры

Напишите и разыграйте в классе сцену, которой нет в фильме. Например, Абдул-Мурат и мать Вани обсуждают план спасения своих сыновей.

3.15 Напишите

1. Абдул-Мурат и мать Вани: Чем их ситуации похожи? Что их разделяет?
2. Как Саша и Ваня относятся к горцам и к войне?
3. Можно ли назвать «Кавказский пленник» антироссийским фильмом?
4. Сравните фильм «Кавказский пленник» с каким-нибудь американским фильмом о войне. (Например, "Apocalypse Now", "Saving Private Ryan"). Как в фильмах изображаются обе воюющие стороны? Какую позицию по отношению к войне занимают режиссёры?

3.16 Перевод

- Прочитайте разговор между Диной и пленниками.
- Перепишите его в косвенной речи.
- Переведите на идиоматичный английский.

(*Ваня*) - Слушай, Дина, а почему в нас старик стрелял?
(*Дина*) - Убить хотел.
(*Саша*) - Да, Вань, не любят нас здесь.
(*Дина*) - У него два сына погибли, а третий у русских в милиции служит.
(*Ваня*) - Слушай, а кто у Хасана язык-то отрезал?
(*Дина*) - Русские отрезали.
(*Саша*) - Конечно, кто же ещё, кроме русских.
(*Дина*) - У него жена сбежала с русским геологом. Хасан поехал её искать. Когда нашёл, не выдержал и убил. Он семь лет в Сибири сидел, в тюрьме. Ну и там тоже не выдержал и лишнее слово сказал. Ну вот за это у него язык и отрезали. Хасан любил петь.
(*Ваня*) - Он вам родственник?
(*Дина*) - Моя старшая сестра его женой была.

3.17 Перевод

- Переведите разговор между Абдул-Муратом и старшинами аула на идиоматичный русский. Сравните с разговором в фильме.

(*Elders*) - How much did you pay for the prisoners, Abdul?
(*Abdul-Murat*) - Nothing. They were almost dead.
(*Elders*) - You shouldn't have brought them here. If the Russians find out that they are here, we'll all suffer. You should have killed them and that would be the end of it.
(*Abdul-Murat*) - I have no other way out. My son was captured during the raid. He is in the Russian prison. I wanted to buy his release, but the commandant would not sell him. So, I am going to exchange these prisoners for my son.
(*Elders*) - We certainly should not trust the Russians, but we can trick them.
(*Elders*) - And what if they trick you? It's always better to kill them.
(*Abdul-Murat*) - If they try to trick me, I'll suck the blood out of them [= высáсывать / вы́сосать кровь + из кого?].

Глава 3 : Кавказский пленник

3.18 Перевод

- Переведите текст, используя союзы и соединительные слова и фразы (см. задание 3.13) и обращая внимание на русские эквиваленты местоимений *who, whose, that, which*.

  One could say that the central theme of this film (loosely based on a short story by Lev Tolstoy) is "sons." Sergei Bodrov cast his own son as Vanya, a Russian schoolteacher's son who along with a more experienced soldier, Sasha, is taken prisoner by a Chechen man. This man, Abdul, wants to exchange Vanya and Sasha for his own son, who is in a Russian prison in a nearby town. Sasha himself is an orphan who has an ill son to whom he regularly sends money. Now fathers and sons battle fathers and sons in the war between Russia and Chechnya.

  However, mothers and daughters play important roles in the film as well. Abdul's daughter, Dina, is interested in these imprisoned soldiers, and gets to like Vanya in particular for his gentleness and creativity. Vanya's mother travels to Chechnya to meet with Abdul about her son's fate. Surely this meeting had an influence on Abdul's later decision not to shoot Vanya.

  Sasha and Vanya are both sons without fathers. Between these two very different men something like a father-son relationship develops. Sasha tries to protect Vanya—he is the one who does the dangerous work of defusing the mines, and at the party later he volunteers to fight the Chechen champion. And when Sasha and Vanya are caught after escaping, Sasha is quick to take responsibility for killing the shepherd. For this he is executed, but Vanya remains alive.

  In the end, Abdul's son gets killed. Abdul is obligated to take Vanya's life in return. But perhaps because he and his daughter have grown fond of Vanya, or maybe because of his meeting with Vanya's mother or because he has lost so many of his own children already (two other sons died in the war), he finds a way to let Vanya go free.

3.19 Рекламный ролик

- Напишите сценарий и разыграйте рекламный ролик к фильму (5-7 минут). Ваша задача привлечь зрителя в кино.
- Снимите этот ролик на видео и покажите его в классе.

3.20 Симпозиум

- Напишите ответ на вопрос «Отношения Дины и Ивана: любовь? Дружба? Привязанность? Жалость?»
- Подготовьтесь к обсуждению в классе.

3.21 О фильме

Прочитайте и проанализируйте рецензию.

- В каком смысле можно говорить о «религиозности» подхода режиссёра к изображению конфликта в фильме?
- Соответствует ли замысел [= idea, conception] режиссёра вашему восприятию фильма?

Создавая «Кавказского пленника» в 1821 году, Пушкин, конечно же, не мог представить, что его персонажу предстоит столь долгая жизнь, как и не мог предположить, что война за покорение Кавказа не прекратиться на протяжении почти двух веков. За два с лишним столетия существования «кавказской» темы в русской литературе Кавказ изображался и как экзотическая земля, и как место изгнания, и как место военных действий. Из всех существующих «Кавказских пленников» (Пушкина, Лермонтова, Толстого и Маканина) в фильме Бодрова яснее всего просматривается Толстой. Но отнюдь не потому, что фильм напоминает рассказ Толстого элементами сюжета и именами героев. Гораздо значительнее то, что фильм Бодрова и рассказ Толстого похожи своим отношением к войне.

Создавая фильм «Кавказский пленник», авторы старались уйти от документальности. Фильм был задуман не столько как рассказ об очередном этапе непрекращающейся войны с Чечнёй, сколько о войне вообще и о человеческих отношениях в трагических обстоятельствах. Авторам хотелось напомнить всем нам, что мы прежде всего принадлежим к человеческому роду, и нам не должны быть чужды чувства любви и сочувствия друг к другу. И именно эти чувства должны побеждать наши инстинкты унижать и уничтожать друг друга. Несомненно, что эта общечеловеческая, гуманистическая идея фильма обеспечила фильму признание зрителей во многих странах.

Авторов фильма часто упрекают за то, что они якобы сняли антироссийский фильм. Но на самом деле фильм не ставит перед собой цель ответить на вопрос «кто виноват». И хотя в фильме не особенно акцентируется военная мощь России (кроме последней сцены, где появляются вертолёты, летящие бомбить аул), невозможно не думать о том, как не равны противостоящие силы в этом конфликте. И всё-таки, по словам режиссёра, важнее было показать конфликт в его общечеловеческом ракурсе. Нам порой легче избавиться от тех, кто нам непонятен или неприятен, чем попытаться понять и принять их точку зрения. Если задуматься, Бодров-старший — режиссёр, открыто о своей религиозности не говорящий, — снял вполне религиозную картину.

3.22 Начинающий кинокритик

Напишите свою собственную рецензию на фильм. Вы можете поместить её на следующие сайты <www.ozon.ru>, <www.bolero.ru>

3.23 Фильм и пьеса

- Прочитайте отрывок из повести Льва Толстого «Кавказский пленник».
- Найдите в фильме сцену, соответствующую этому отрывку.
- Что, судя по отрывку, авторы фильма изменили в фильме и почему?

[…] Стали мыть руки татары, потом сложили руки, сели на коленки, подули на все стороны и молитвы прочли. Поговорили по-своему. Потом один из гостей-татар повернулся к Жилину, стал говорить по-русски.

- Тебя, - говорит, - взял Кази-Мугамед, - сам показывает на красного татарина, - и отдал тебя Абдул-Мурату, - показывает на черноватого. - Абдул-Мурат теперь твой хозяин.

Жилин молчит. Заговорил Абдул-Мурат, и всё показывает на Жилина, и смеётся, и приговаривает: «Солдат урус, корошо урус». Переводчик говорит: «Он тебе велит домой письмо писать, чтоб за тебя выкуп прислали. Как пришлют деньги, он тебя пустит». Жилин подумал и говорит: «А много ли он хочет выкупа?»

Поговорили татары; переводчик и говорит:

- Три тысячи монет.

- Нет, - говорит Жилин, - я этого заплатить не могу.

Вскочил Абдул, начал руками махать, что-то говорит Жилину - всё думает, что он поймёт. Перевёл переводчик, говорит: «Сколько же ты дашь?» Жилин подумал и говорит: «Пятьсот рублей.»

Тут татары заговорили часто, все вдруг. Начал Абдул кричать на красного, залопотал так, что слюни изо рта брызжут. А красный только жмурится да языком пощёлкивает.

Замолчали они, переводчик говорит:

- Хозяину выкупу мало пятьсот рублей. Он сам за тебя двести рублей заплатил. Ему Кази-Мугамед был должен. Он тебя за долг взял. Три тысячи рублей, меньше нельзя пустить. А не напишешь, в яму посадят, наказывать будут плетью.

Жилин стал на своём: «Больше пятисот рублей не дам. А убьёте, - ничего не возьмёте.» […]

3.24 Тексты песен и аккорды

«Синий платочек»
Музыка: Г.Петербургский
Слова: Я.Галицкий, Г.Максимов

   A7   Dm
Синенький скромный платочек
   D7   Gm
Падал с опущенных плеч.

Ты говорила,
Dm
Что не забудешь
  A7   Dm
Ласковых, радостных встреч.

  A7 Dm
Порой ночной
  C7   F   D7
Мы распрощались с тобой...
 Gm
Нет больше ночек!
Dm
Где ты, платочек,
  A7   Dm
Милый, желанный, родной?

Письма твои получая,
Слышу я голос родной.
И между строчек
Синий платочек
Снова встаёт предо мной.
  И мне не раз
  Снились в предутренний час
  Кудри в платочке,
  Синие ночки,
  Искорки девичьих глаз.
Помню, как в памятный вечер
Падал платочек твой с плеч,
Как провожала
И обещала
Синий платочек беречь.
  И пусть со мной
  Нет сегодня любимой, родной,
  Знаю, с любовью
  Ты к изголовью
  Прячешь платок голубой.
Сколько заветных платочков
Носим мы в сердце с собой!
Радости встречи,
Девичьи плечи
Помним в страде боевой.
  За них, родных,
  Любимых, желанных таких,
  Строчит пулемётчик,
  За синий платочек,
  Что был на плечах дорогих!

Марш «Прощание Славянки»
Музыка: В.Агапкин
Слова: В. Максимов

Этот марш не смолкал на перронах,
Когда враг заслонял горизонт, С
ним отцов наших в длинных вагонах
Поезда уносили на фронт.
Кто Москву отстоял в сорок первом,
В сорок пятом шагал на Берлин,
Вот солдат, он дошёл до Победы
По дорогам нелёгким гоним.

И если в поход
Страна позовёт,
За край наш родной
Мы все пойдём в священный бой.

Шумят полей хлеба,
Шагает Отчизна моя
К высотам счастья,
Сквозь все ненастья
Дорогой мира и труда.

И если в поход
Страна позовёт,
За край наш родной
Мы все пойдём в священный бой,
В священный бой.

Глава 4

Вор

Россия-Франция, 1997 г., драма, 110 мин.

Награды:
Специальный приз жюри международного кинофестиваля в Венеции (1998 г.) и премии по пяти номинациям на Российском кинофестивале «Ника» (1997 г.). Номинации на премии «Оскар» (1998 г.) и «Золотой глобус» (1998 г.) в категории «Лучший фильм на иностранном языке».

4.1 Несколько слов о фильме

Осенью 1952 года шестилетний Санька и его молодая мама знакомятся в поезде с офицером. Анатолий очаровывает и Катю, и Саню. Катя и Анатолий решают жить вместе. Анатолий заменяет Саньке отца. Он учит мальчика жить в соответствии с теми правилами, по которым живёт он сам. Правила эти – правила «зоны». И вскоре выясняется, что Толян вовсе не демобилизовавшийся офицер, а профессиональный вор. (По материалам из Интернета)

4.2 Над фильмом работали

Режиссёр	Павел Чухрай
	Режиссёр, сценарист, актёр, оператор. Родился 14.10.1946 г. Сын знаменитого советского режиссёра Григория Чухрая. В 1969 г. окончил операторский факультет ВГИКа (Всероссийский Государственный Институт Кино). В 1974 г. экстерном закончил режиссёрский факультет ВГИКа. Лауреат премии Ленинского комсомола (1981г.). Получил премию «Киношок» в номинации «Приз за режиссуру за 1997 год » за фильм «Вор».
Сценарист	Павел Чухрай
Оператор	Владимир Климов
Композитор	Владимир Дашкевич

4.3 Действующие лица и исполнители

Действующие лица:	Исполнители:
Толян (Толя, Анатолий)	Владимир Машков
	Актёр и режиссёр театра и кино. Родился в 1963 г. Вырос в г. Новокузнецке в театральной семье. Закончил школу-студию МХАТ в 1990 г. Актёр театра-студии О. Табакова. Ставит спектакли в театре Сатирикон и в МХАТе. Режиссёр фильма «Сирота казанская». Снялся в более двадцати фильмах. Заслуженный артист России.
Катя	Екатерина Редникова
Саша (Саня)	Миша Филипчук

4.4 Кто есть кто? Звёзды кинематографии

Найдите информацию о следующих известных деятелях кинематографии в Интернете и сделайте сообщение в классе об одном из них. Вы можете проиллюстрировать свой рассказ клипами из других фильмов, над которыми они работали. (*Совет: Информацию о многих деятелях российского кино вы можете найти на сайте <www.mega.km.ru/cinema>. Вы можете также сделать поиск по интересующей вас фамилии в русскоязычном Google <www.google.com/ru/> или в поисковой системе Yandex <www.yandex.ru>)

Екатерина Редникова
Миша Филипчук

4.5 Кто? Где? Когда? 10 вопросов к фильму

1. Когда происходит действие фильма?
2. Кто главные герои?
3. Сколько лет Сане?
4. Где его отец?
5. Где Катя и Толян встречаются?
6. Как Катя узнаёт, что Толян вор?
7. Почему Катя сразу не уходит от Толяна?
8. Как Катя и Толян расстаются?
9. Как Катя умирает?
10. Как Саня и Толян встречаются снова?

4.6 Что сначала? Что потом?

Расположите предложения в том порядке, в каком произошли события в фильме. Используйте, где уместно, следующие союзы: *потом; когда; после того как; в то время как; в то же время; через какое-то время; через несколько дней / лет; несколько дней спустя.*

- Саша стреляет в Толяна.
- Толяна посылают в лагерь.
- Катя узнаёт, что Толян не военный, а вор.
- Катя и Саня сходят с поезда вместе с Толяном.
- Саня попадает в детский дом.
- Катя и Саня переезжают из города в город вместе с Толяном.
- Толян заставляет Саню помочь ему ограбить квартиру доктора.
- На вокзале, когда Толян провожает Катю и Саню, Толяна арестовывают.
- После неудачного аборта Катя умирает.
- Катя и Саня знакомятся в поезде с военным.
- Встретив Толяна несколько лет спустя, Саня понимает, что Толян совершенно забыл о них.
- Катя решает уйти от Толяна.
- Много лет спустя Саня встречает бродягу, который напоминает ему Толяна.

4.7 Кадры из фильма и задания к ним

1. Соедините реплики с кадрами.

    А) А что это у вас с рукой? Так это же рана. Это надо йодом. А у меня дома есть. Пойдём-те?

    Б) Ты как мать увидишь, привет передавай, да? Так и скажи, мол, от Толяна. Она вспомнит.

    В) Бей. Бей!

    Г) Перестань его подучивать. Хочешь, чтоб он стал, как ты.

    Д) Нам бы комнату снять. Мы не потревожим. Муж весь день на службе. Мальчик спокойный.

    Е) Поэтому, примите, как говорится, в знак благодарности, билеты в цирк.

2. Расположите кадры в хронологическом порядке и кратко расскажите, что происходит в каждом кадре.

3. Конкурс вопросов: задайте как можно больше вопросов к каждому кадру.

4. Опишите отношения между Толяном и Катей, Толяном и Саней.

5. Расскажите о второстепенных героях фильма (соседи по квартире, жена доктора). Дополните описания героев вашими собственными предположениями.

4.8 Сцены. Слова. Вопросы.

Слова, которые помогут вам говорить о фильме:

Рождение Саши [0:01:13]:

Доро́га
Идти́ по доро́ге
Солда́т
Война́, на войне́
Воева́ть
Ра́нен/а
Контужен
Возвраща́ться / верну́ться + (от)куда?
Умира́ть / умере́ть

В по́езде [0:02:36]:

По́езд
Купе́
Ве́рхняя – ни́жняя по́лка
Лежа́ть + на чём?
Входи́ть / войти́
Офице́р
Вое́нный
Вое́нная фо́рма
Оде́т + во что?
Служи́ть в а́рмии
Воева́ть на фро́нте
Пистоле́т
Охраня́ть
Огра́бить + кого?

Вопросы:

1. Где и когда родился Саша?
2. Что случилось с его отцом?
3. Почему Катя решила уехать из деревни?
4. Куда Катя и Саша едут?

5. Как Катя и Саша знакомятся с Толяном?
6. Почему Кате нравится Толян?
7. Почему он нравится Саше?
8. Что произошло в соседнем купе?

Жизнь в го́роде [0:07:45]:

Снима́ть / снять ко́мнату
Доверя́ть + кому́?
Па́спорт
Комендату́ра
Сосе́д, сосе́дка, сосе́ди по кварти́ре / по до́му
Дари́ть / подари́ть + кому́? что?
База́р
Откры́ть кран с водо́й
Устро́ить пото́п в ку́хне

Дра́ка во дворе́ [0:18:35]:

Дра́ться / подра́ться + с кем?
Бить / изби́ть + кого́?
Отбива́ться / отби́ться + от кого́/чего́?
Боя́ться + кого́?
Слу́шать + кого́?
Гла́вный
Си́льный
Татуиро́вка
Та́йна

Засто́лье с сосе́дями [0:26:30]:

Биле́ты в цирк
Танцева́ть + с кем?
Ревнова́ть / приревнова́ть + кого́? к кому́?
Говори́ть / сказа́ть тост
Пить / вы́пить + за кого́?

Ограбле́ние кварти́ры [0:31:10]:

Вор
Ворова́ть / обворова́ть
Броса́ть / бро́сить + кого́?
Угова́ривать / уговори́ть
Корми́ть + кого́?

9. Где Толя́н и Ка́тя снима́ют ко́мнату?
10. Что Толя́ну ну́жно бы́ло дать ста́ршей по кварти́ре? Како́й вы́ход нашёл Толя́н?
11. Почему́ Ка́тя чу́вствует себя́ счастли́вой?
12. Как Толя́н объясня́ет, отку́да у него́ часы́ и кольцо́?
13. Почему́ сосе́ди жа́луются на Са́шу?
14. Почему́ Са́ша себя́ так ведёт?

15. Что случи́лось с Са́шей во дворе́?
16. Как на э́то реаги́рует Толя́н?
17. Чему́ Толя́н у́чит Са́шу?
18. Как Толя́н объясня́ет Са́ше, почему́ у него́ татуиро́вка с портре́том Ста́лина?

19. Ско́лько челове́к живёт в кварти́ре? Кто они́?
20. Како́й пода́рок де́лает Толя́н сосе́дям?
21. К кому́ Ка́тя ревну́ет Толя́на?
22. Посмотри́те сце́ну, когда́ все сосе́ди сидя́т за столо́м. Каки́е тосты́ они́ говоря́т?

23. Почему́ Ка́тя ухо́дит из ци́рка и возвраща́ется в кварти́ру?
24. Что она́ ви́дит в кварти́ре?
25. О чём Ка́тя про́сит Толя́на?
26. Почему́ Ка́тя уезжа́ет с Толя́ном?

Переезды из города в город [0:38:20]:

Убегать + от кого?
Переезжать с места на место
(Мне) страшно
Подучивать / подучить + кого?
Попасть в тюрьму
Называть / назвать + кого? кем?
Схватить нож
Прятаться / спрятаться от + кого? где?

27. Почему Толян и Катя с Сашей часто переезжают?
28. Как изменилась Катя? Как она выглядит? Какое у неё настроение?
29. Что Толян обещал Кате?
30. Что он ей теперь обещает?
31. Чего Катя больше всего боится?
32. Что произошло между Толяном и Сашей?
33. Чему Толян учит Сашу? Зачем?

Толян и соседи [0:49:05]:

Гулять + с кем?
Любить / полюбить + кого?
Прерывать / прервать + кого?

34. Почему Толян собрал соседей?
35. Почему Катя говорит «Цирка не будет»?
36. Что Толян собирался сказать? Что он сказал?

Жена врача [0:50:40]:

Ранить / поранить + что?
Мазать / помазать рану йодом
Приглашать / пригласить (+ кого?) в квартиру
Кокетничать + с кем?
Обнимать / обнять + кого?
Лазить, лезть (по пожарной лестнице)
Влезать / влезть в окно

37. Как Толян знакомится с женой врача?
38. Почему она приводит его в свою квартиру?
39. Что она рассказывает Толяну о себе?
40. Что сделал Саша, когда увидел, что Толян зашёл в чужую квартиру? Почему?

Саша участвует в ограблении квартиры [0:59:20]:

Открывать / открыть окно
Впускать / впустить в квартиру
Секретное задание
Сажать / посадить (+ кого?) в тюрьму
Враг
Пособник
Замечать / заметить
Вызывать / вызвать милицию

41. Как Толян попал в квартиру врача?
42. Как Толян объясняет Саше, почему они должны попасть в эту квартиру?
43. Почему Саша согласен делать то, что ему приказывает Толян?
44. Почему ограбление сорвалось?

Арест Толяна [1:05:17]:

Милиция
Арестовать
Бросать / бросить
Ворованные драгоценности
Давать/дать взятку + кому?
Попасть в лагерь
Увозить/увезти
Беременна
Умирать/умереть
Попасть в детский дом

45. Что произошло в тот момент, когда Катя решила уехать от Толяна?
46. Почему Катя и Саша не уезжают?
47. Что Катя предлагает милиционеру?
48. Помогла ли Катя Толяну?
49. Что случилось с Толяном?
50. В какой момент Саша в первый раз называет Толяна «папка»?
51. Как Катя умирает?
52. Что происходит с Сашей после смерти матери? Где он живёт? На что он надеется?

Саша снова встречает Толяна [1:18:39]:

Играть на аккордеоне
Стрелять / выстрелить + в кого?
Попадать / попасть + в кого?
Убивать / убить

53. Когда Саша снова встречает Толяна?
54. Где происходит встреча?
55. Как Толян реагирует на встречу с Сашей?
56. Откуда у Саши пистолет?
57. Убивает ли Саша Толяна?

Финальные сцены фильма [1:25:50]:

Полковник
Беженцы
Бродяга
Узнавать / узнать
Обознаться
Мёртвый

58. Где и когда происходит действие финальных сцен фильма?
59. Кем стал Саша? Почему?
60. Почему он называет бродягу Толяном?
61. Как Саша проверяет, Толян ли это?
62. Как вы понимаете окончание фильма?

4.9 Расскажите об эпизоде

Выберите один или два эпизода из фильма (задание 4.8) и подробно расскажите о них, используя лексику эпизодов и подходящие по смыслу союзы: *сначала; после этого; потом; перед тем как; после того как; в то же время; в то время как; пока; когда; в это время; а; но.*

4.10 Реплики из фильма

Кто, кому и когда это говорит?

1. Но поезд, в котором мы ехали с мамой, я запомнил навсегда.
2. Женщину ограбили!
3. Значит, ты не военный. Я думала, мы теперь будем жить ... Я тебя люблю, ты – меня.
4. Мне моя жизнь нравится, и другой не надо.
5. Не полезу. Мы получаемся воры, нас посадят в тюрьму.
6. Я хочу выпить за человека, которому мы обязаны сегодняшним днём, да и не только сегодняшним. За доброго, мудрого и самого человечного – за товарища Сталина!
7. Если б ты тогда не побежал, был бы он сейчас с нами.
8. Обознался. Женщин и детей ко мне в вагон.
9. Не канючь и детьми меня не жалоби. У сержанта их двое. А если он ослепнет?
10. Папка, родненький, не покидай нас! Папка ...

4.11 Головоломка

Используя по одному слогу из каждой колонки, найдите здесь слова из списка в 4.8. Начало каждого слова дано в первой колонке.

ВО	РО	ДИ
УЗ	ГЛА	РАТЬ
ВЫ	КОВ	НИК
ПИС	МИ	ГА
ВО	СЕ	ВАТЬ
ПРИ	ДЯ	ВАТЬ
ВО	ЕН	ШАТЬ
БРО	НА	ЛЕТ
ПОЛ	СТРЕ	ЛИТЬ
У	ТО	ВАТЬ
СО	Е	НЫЙ

4.12 Кроссворд

Слово по вертикали:

Толян _____ Сашу как своего будущего сообщника в грабежах.

Слова по горизонтали:

- Приехав в новый город, Толян и Катя искали комнату в _____(2)_____ квартире.
- Снять комнату Толяну было просто, потому что люди _____(10)_____ человеку в _____(8)_____ форме.
- Катя сначала не подозревала, что Толян дарил ей _____(7)_____ вещи.
- После каждого ограбления Толян, Катя и Саша _____(4)_____ в другой город.
- Толян говорил всем, что он _____(1)_____ и был ранен на фронте.
- Толян учил Сашу жить по принципу «кто сильнее, того _____(6)_____ и_____(9)_____».
- Катя боялась, что её тоже могут арестовать, но никак не могла _____(5)_____ от Толяна.
- После смерти матери Саша попал в _____(3)_____ дом.

4.13 Сцены из фильма

Напишите о сцене, которая ...

а) больше всего вам понравилась;

б) кажется вам самой смешной;

в) по вашему мнению, является кульминационной сценой фильма;

г) кажется вам наименее важной, потому что она ничего не добавляет к развитию сюжета.

Эти слова помогут вам выразить ваше мнение. Расширенный список подобных слов и выражений вы найдёте на странице 163.

В конце концов	Одним словом
В отличие от	По мнению (кого?)
Вместо того, чтобы	По следующим причинам
Во-первых, ... Во-вторых,... В-третьих,...	По сравнению с тем, что
Дело в том, что	Поскольку
Для того, чтобы	После того, как
Если	После этого
Если бы	Потому (,) что
Значит	Поэтому
Из-за того, что...	Прежде всего
К сожалению	При условии, что
Кажется	С одной стороны...., с другой стороны...
Когда	С точки зрения (кого?)
Кроме того, что	Судя по тому, что
Например	Так как
Несмотря на то, что	Таким образом
Но	Тем не менее
Однако	Хотя

4.14 Сценаристы и актёры

Напишите и разыграйте в классе сцену, которой нет в фильме. Например, Катя говорит Толяну, что она решила от него уйти. Кроме Кати и Толяна в сцене участвуют Саша и соседи.

4.15 Напишите

1. От имени Саши напишите письмо Толяну из детского дома.
2. Почему Катя не ушла от Толяна?
3. Судя по тому, как люди верили Толяну, он хороший психолог. Какими средствами Толян пользовался для достижения своих целей?
4. Режиссёр фильма Павел Чухрай предложил интерпретировать фильм метафорически (см. 4.21). Согласны ли вы с такой интерпретацией? Какие элементы фильма составляют эту метафору?

4.16 Перевод

- Прочитайте разговор между Катей, Толяном и Саней.
- Перепишите его в косвенной речи.
- Переведите на идиоматичный английский.

(*Толян*) - Ну что? Чего ты?

(*Катя*) - Страшно мне, Толя.

(*Саня*) - А что с водой-то мне делать?

(*Толян*) - Выпей. А лучше пойди с народом пообщайся, посмотри, кто как живёт. Потом мне расскажешь.

(*Катя*) - Перестань его подучивать! Хочешь, чтоб он стал, как ты?!

(*Толян*) - А что, плохо? Саня, хочешь быть военным?

(*Саня*) - Хочу.

(*Катя*) - Толик, Толик, ты же обещал, что последний раз, что потом пойдёт нормальная жизнь! Как же тебе верить?!

(*Толян*) - Тихо, не ори. У меня давно хорошего дела не было. Хорошее дело – и всё, как обещал. Вот, собака, куда я ... *(Ищет револьвер.)*

(*Катя*) - Убери эту дрянь! Мне ребёнка верни!

(*Саня*) - Вот он, дядя Толян.

(*Толян*) - Я сказал, называй меня папкой. *(Замахивается на Саню.)*

(*Катя*) - Не смей.

(*Толян*) - Убью! *(Саня хватает нож.)* Ну, бей! Не доставай нож, а достал – бей. Бей, а не то – я ударю. *(Саня выбегает из комнаты. Толян выходит за ним.)* Граждане, ни у кого гармошки нет?

Глава 4 : Вор

4.17 Перевод

- Переведите разговор между Катей и милиционером на идиоматичный русский. Сравните с разговором в фильме.

(*Policeman*) - So then why did he run?
(*Katya*) - He ran after the boy. He thought something was wrong with the boy. He often imagines things.
(*Policeman*) - They just wanted to check his papers, and the scoundrel threw salt at the sergeant!
(*Katya*) - He didn't do it out of spite. He's been shell shocked. He was discharged because of shell shock. I am begging you, please have mercy on him. How can you leave my boy without a father?
(*Policeman*) - Don't whine and don't try to play on my sympathy by mentioning your son. The sergeant has two kids. What if he goes blind?
(*Katya*) - Maybe I can give something for his family? I have a ring and some earrings... Maybe then you'll let him go?
(*Policeman*) - I don't know. I'll certainly go visit him at the hospital after my shift. I can try...
(*Katya*) - I'll be right back. *(Runs out of the room.)*

4.18 Перевод

- Переведите текст на идиоматичный русский, используя союзы и соединительные слова и фразы (см. задание 4.13) и обращая внимание на русские эквиваленты местоимений *who, whose, that, which*.

"The Thief" looks like a simple story about a boy and his mother who get involved with a clever, tough thief. But lurking somewhere beneath the romance, adventure and hard realism is an allegory about what Stalin did to Russia. Not by chance does the main action of the story take place in the year 1952, just one year before Stalin's death.

The thief's name is Anatoly, but he is more often called Tolya or Tolyan (does it sound like Don Juan?). He takes what he wants, including young Sanya's mother and several other pretty women. Yet he seems to be genuinely interested in looking after Sanya (also sometimes called Sasha) and his mom. He teaches Sanya how to defend himself against mean boys in the yard and gives him some basic lessons in the psychology of fighting. But there is a substantial difference in character between Tolyan and Sanya. Tolyan, like a true Don Juan or a Stalin, is always looking forward, to the next opportunity. Sanya never stops looking for his real father, who died shortly after the end of World War II, half a year after Sanya's birth.

Tolyan tells Sanya that Stalin is his [Tolyan's] father. Who, then, is Tolyan? Simply a symbol of the man who distracted his own people and the entire world with grand spectacle and big promises while robbing them blind? Yet Tolyan is a healthy, strong man. He is fond of music and singing and is an attractive figure, full of life. Sanya and Katya fear him at times, but they also admire and even love him.

A number of questions remain. Why did Sanya feel that he "must" kill Tolyan? Why, then, in the last part of the film, was he so eager to believe Tolyan had survived? Why does he wear the same tattoo in the same place on his shoulder? And will he or won't he strike up a conversation with that pretty young refugee mother with the child in the train?

4.19 Рекламный ролик

- Напишите сценарий и разыграйте рекламный ролик к фильму (5-7 минут). Ваша задача привлечь зрителя в кино.
- Снимите этот ролик на видео и покажите его в классе.

4.20 Симпозиум

- Напишите ответ на вопрос «Отношение Саши к Толяну: Страх? Любовь? Ненависть?»
- Подготовьтесь к обсуждению в классе.

4.21 О фильме

Прочитайте и проанализируйте рецензию.

- В чём сходство между отношениями Толяна и Саши и русского народа и Сталина?
- Чем «Вор» напоминает старые советские фильмы?

В интервью «Российской газете» (19.01.2005) Павел Чухрай признался, что ностальгия присуща ему и как человеку, и как режиссёру. Ощущение ностальгии особенно характерно для двух последних работ Чухрая, фильмов «Вор» (1997) и «Водитель для Веры» (2004). В обоих фильмах Чухрай постарался воссоздать атмосферу времени: в «Воре» – своего раннего детства, сороковых, а в «Водителе» – «хрущёвской оттепели», шестидесятых. Но ностальгия для Чухрая не просто тоска по прошлому. Чухрай – один из тех режиссёров, которые видят в восстановлении истории страны свою миссию. Это пристрастие к истории обеспечило Чухраю авторитет у известного американского режиссёра Стивена Спилберга. Спилберг заказал Чухраю документальный фильм о Холокосте «Дети из бездны». По заказу Спилберга одночасовые документальные фильмы о Холокосте сняли режиссёры и в четырёх других странах мира: Анджей Вайда в Польше, Луис Пуэнцо в Аргентине, Войцех Ясны в Чехии и Янош Сас в Венгрии.

Российская история присутствует в картине не только в качестве фона, на котором происходят события. История России зашифрована в метафору, на которой построен «Вор». В интервью радио «Свобода» (www.svoboda.org) Чухрай пояснил, что в отношениях Кати и Сани к Толяну можно увидеть весь комплекс отношений российского народа к Сталину. Точно так же народ обожал и боялся Сталина, точно так же «растоптал» его после XX-ого съезда партии.

Любопытно, что зрители сравнивают «Вора» со старыми советскими фильмами, с такими, которые российский зритель непротив посмотреть и сегодня (например, «Летят журавли», «Баллада о солдате», «Служили два товарища»). Но параллели можно провести, конечно, только в том, что касается зрительского восприятия. Чухраю удалось снять фильм, который не только втягивает зрителя в происходящее на экране, но и вызывает у него чувство сопереживания «положительным» героям Кате и Сане. Именно этим и отличались хорошие советские фильмы от фильмов, сделанных ради конъюнктуры. Однако своим сюжетом и, особенно финалом, «Вор» противоречит канонам советского кино. Прежде всего, закоренелый вор никогда не смог бы стать главным героем советского фильма. А когда подобного рода «отрицательный» персонаж появлялся в фильме, ему обязательно противопоставлялся «положительный» герой. В финале фильма «отрицательный» герой всегда получал по заслугам. Чухрая отличает «чеховский» подход к героям. Подобно чеховским рассказам, «Вор» никого не судит. В финале вор не перевоспитывается, а положительные герои остаются невознаграждены.

4.22 Начинающий кинокритик

Напишите свою собственную рецензию на фильм. Вы можете поместить её на следующие сайты <www.ozon.ru>, <www.bolero.ru>

# Глава 5

Принцесса на бобах

Россия/Украина, Одесская киностудия, киностудия ШАНС при участии ТВ-ЦЕНТР, 1997 г., мелодрама, 105 мин.

Награды: В 1997 г. Фильм получил специальный приз на кинофестивале "Окно в Европу" (Выборг, Россия), гран-при на кинофестивале "Виват, кино России" (Санкт-Петербург, Россия). Сергей Жигунов получил приз "За лучшую мужскую роль" на фестивале российского кино (Франция, 1997 г.).

5.1 Несколько слов о фильме

Дима Пупков, бизнесмен из «новых русских», с помощью фиктивного брака решает поменять свою неблагозвучную фамилию на престижную. Его знакомят с Ниной, которая моет посуду в его любимом ресторане. Как выяснилось, Нина принадлежит к знаменитому роду Шереметевых. Она с трудом сводит концы с концами и, как кажется Диме, легко согласится на выгодное предложение. Однако оказалось, что «купить» Нину невозможно. (По материалам из Интернета)

5.2 Над фильмом работали

Режиссёр	Виллен Новак. Режиссёр. Родился 03.01.1938 г. в селе Глезно Житомирской области. В 1956 г. окончил Киевский кинотехникум. В 1971 г. окончил режиссёрское отделение кинофакультета Киевского Государственного Института Искусств имени И. К. Карпенко-Карого. Заслуженный деятель искусств Украины (1979 г).
Авторы сценария	Марина Мареева
Оператор	Владимир Крутин
Художник	Владимир Гидулянов
Композитор	Шандор Каллош

5.3 Действующие лица и исполнители

Действующие лица:	Исполнители:
Дима	Сергей Жигунов
Нина	Елена Сафонова
Костя (бывший муж Нины)	Владимир Конкин Актёр. Снялся в семнадцати фильмах. Родился 19.08. 1951г. в Саратове. Окончил Саратовское театральное училище им. И. А. Слонова. С 1974 г.— актёр киностудии им. А. Довженко, с 1979 г. — московского театра им. М. Ермоловой, в 1991-1994 гг. — театра «Вернисаж». Лауреат Государственной премии Ленинского комсомола за исполнение роли Павки Корчагина в телесериале «Как закалялась сталь» (1974 г.). Заслуженный артист Украинской ССР (1974 г.).
Мать Нины	Александра Назарова
Ира (дочь Нины)	Ульяна Лаптева
Лёва (партнёр Димы по бизнесу)	Владимир Ерёмин

5.4 Кто есть кто? Звёзды кинематографии

Найдите информацию о следующих известных деятелях кинематографии в Интернете и сделайте сообщение в классе об одном из них. Вы можете проиллюстрировать свой рассказ клипами из других фильмов, над которыми они работали. (*Совет: Информацию о многих деятелях российского кино вы можете найти на сайте <www.mega.km.ru/cinema>. Вы можете также сделать поиск по интересующей вас фамилии в русскоязычном Google <www.google.com/ru/> или в поисковой системе Yandex <www.yandex.ru>)

Елена Сафонова
Сергей Жигунов

5.5 Кто? Где? Когда? 10 вопросов к фильму

1. Когда происходит действие в фильме?
2. Кто главные герои?
3. Сколько лет Нине? Где она работает?
4. Какая у неё семья?
5. Чем занимается Дима?
6. Зачем он хочет «купить» Нинину фамилию?
7. Как он «покупает» членов Нининой семьи?
8. Когда Дима принимает решение не брать Нинину фамилию? Почему?
9. Почему Нина отказывается выйти за него замуж?
10. Чем заканчивается фильм?

5.6 Что сначала? Что потом?

Расположите предложения в том порядке, в каком произошли события в фильме. Используйте, где уместно, следующие союзы: *потом; когда; после того как; в то время как; в то же время; через какое-то время; через несколько дней / лет; несколько дней спустя.*

- После двух работ усталая Нина наконец возвращается домой.
- Нина с молотком в руках идёт разбивать витрину одного из магазинов Димы.
- Дима и Лёва приходят к Нине домой, чтобы сделать ей «деловое предложение».
- Нина сидит на остановившемся эскалаторе.
- Мать Нины признаётся в том, что отец Нины принадлежал к старинному аристократическому роду Шереметевых.
- Нина убегает из ЗАГСа.
- Нина прощается с Димой.
- Нина отказывается принять предложение Димы и Лёвы.

- Дима пытается повлиять на Нину через членов её семьи.
- Дима везёт Нину в магазин одежды и к парикмахеру.
- Лёва советует Диме поменять фамилию, утверждая, что это поможет бизнесу.
- По дороге на раут Нина засыпает в машине Димы.
- Дима привозит Нину к себе на дачу и выясняет, что она «настоящая принцесса».
- Дима приводит Нину в ЗАГС и объявляет ей, что он хочет на ней жениться по-настоящему.
- Дима устраивает Нине прощальный бал

5.7 Кадры из фильма и задания к ним

1. Соедините реплики с кадрами.

   А) Я тебе сумку-холодильник взяла в прокате.
   Б) Просыпайся! У нас с тобой бракосочетание через полчаса.
   В) Ниночка, ты уходишь, ты покидаешь нас?
   Г) Речь идёт о деловом соглашении крайне выгодном для вас.
   Д) Ну, а что мне в этом доме можно? Я и так мало ем.
   Е) Тихо, у нас такой человек!

2. Расположите кадры в хронологическом порядке и кратко расскажите, что происходит в каждом кадре.

3. Конкурс вопросов: задайте как можно больше вопросов к каждому кадру.

4. Опишите отношения между Димой и Ниной, Димой и Лёвой, матерью Нины и Димой, Ниной и её бывшим мужем.

5. Расскажите о второстепенных героях фильма (Нинина мама, бывший муж Нины, дочь Нины, Лёва). Дополните описания героев вашими собственными предположениями.

Глава 5 : Принцесса на бобах

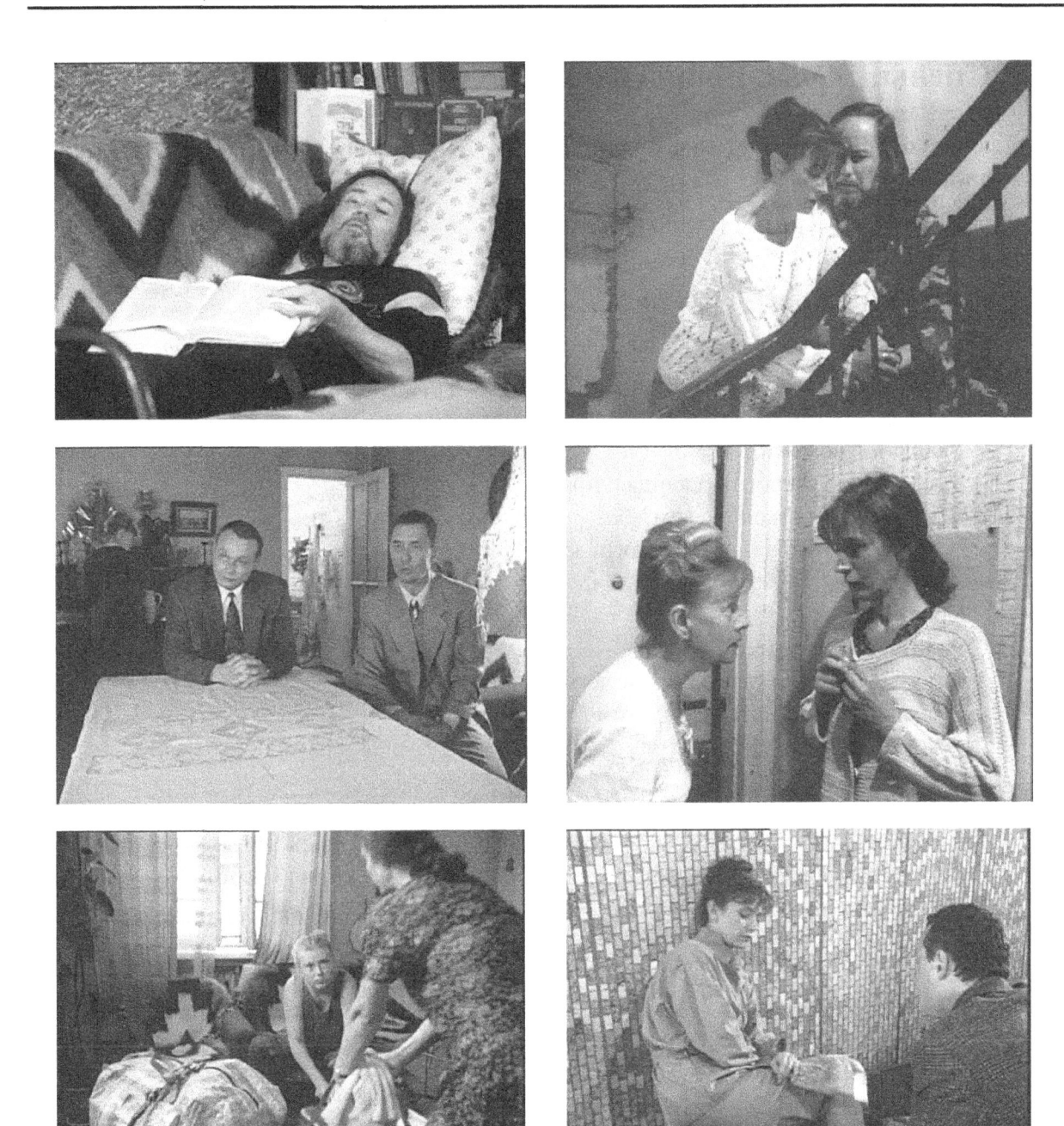

5.8 Сцены. Слова. Вопросы.

Слова, которые помогут вам говорить о фильме:

Сиде́ть на боба́х = не име́ть де́нег; быть бе́дным (colloq.)

Вопросы:

В рестора́не [0:03:25]:

Мыть посу́ду
Пить / вы́пить (сли́шком мно́го)
Пьяне́ть / опьяне́ть
Уда́рить + кого́/что?
Устра́ивать / устро́ить (сканда́л, дра́ку)
Дра́ться / подра́ться + с кем?
Ревнова́ть / приревнова́ть + кого́? к кому́?
Кровь (f.)
Рабо́тать за гроши́
Отка́зываться / отказа́ться + от чего́?
Повыша́ть / повы́сить зарпла́ту + кому́?

1. Где и кем рабо́тает Ни́на?
2. Почему́ Ди́ма устра́ивает сканда́л в рестора́не?
3. Почему́ Ни́на должна́ рабо́тать за двои́х?

Ни́на продаёт газе́ты [0:08:24]:

Засыпа́ть / засну́ть
Подзе́мный перехо́д
Продава́ть / прода́ть

4. Что случи́лось, когда́ Ни́на пришла́ на свою́ втору́ю рабо́ту?
5. Что сде́лали «колле́ги» Ни́ны?

У́тро в до́ме Ни́ны [0:10:30]:

Содержа́ть семью́
Коммуни́сты
Буди́ть / разбуди́ть + кого́?
Собира́ть / собра́ть + кого́? куда́?
Де́тский сад
(Быть) в разво́де + с кем?
Получа́ть / получи́ть пе́нсию
Ода́лживать / одолжи́ть де́ньги + кому́?
Мыть ле́стницу в подъе́зде
Подмета́ть двор

6. Чем занима́ется Ни́нина мать?
7. Куда́ она́ собира́ется идти́?
8. Чем занима́ется бы́вший муж Ни́ны?
9. Как вы ду́маете, почему́ Ни́на и её бы́вший муж живу́т в одно́й кварти́ре?
10. Почему́ Ни́на се́рдится на му́жа? Как он реаги́рует?
11. Почему́ мать и муж Ни́ны ссо́рятся?
12. Чем Ни́на занима́ется на свое́й тре́тьей рабо́те?

Утро в доме Димы [0:12:37]:

Храпеть
Принимать / принять таблетки + от чего?
Похмелье
Выглядеть ужасно
Похож/а + на кого?
Крёстная
Всё пойдёт с молотка
Играет оркестр
Песня «Летите, голуби»
Вспоминать / вспомнить детство

13. Как начинается утро Димы?
14. Почему Дима просит своего шофёра дать деньги пожилой женщине?
15. Почему партнёра Димы беспокоит его поведение (пьянки, дебоши)?
16. Почему Дима останавливает машину?
17. Сравните Диму и Лёву. Кто из них больше похож на бизнесмена?

В доме Нины [0:19:46]:

Запирать / запереть дверь (на замок)
Бояться
Собираться подпольно
Работать в партии
Коммерсантка
«Челнок» = "shuttle trader" (colloq.)
Поехать (+ куда?) «челноком»
Таблица умножения

18. Почему мать Нины заперла дверь?
19. Куда собирается ехать Ира?
20. Почему Нина волнуется?

Дима и бизнесмены [0:22:50]:

Поднять голос + на кого?
Тёлка = женщина (vulgar)
Товарная марка
Мебельный концерн
Смотреть с гордостью + на что?
Разбежаться = развестись (colloq.)
Старая дева
Выгодно + кому?
Штука баксов = тысяча долларов (colloq.)
Потешаться + над кем? = смеяться
Конкуренты
ЗАГС = (отдел) Записи Актов Гражданского Состояния = registry office (abbrev.)

21. О чём Лара просит Диму? Почему?
22. Почему бизнесмены уходят, не подписав контракт?
23. Почему Дима просит своего партнёра «найти ему тёлку из Рюриков»?
24. Почему партнёр Димы считает, что Диме нужно изменить фамилию? Что он предлагает?
25. Почему Дима не может просто изменить фамилию?
26. Как Дима в первый раз услышал о Нине?
27. Почему Дима хочет познакомиться с Ниной?

«Рели́гия есть о́пиум наро́да» (К. Маркс) [0:30:00]:

Сканда́лить
Крести́ть / окрести́ть
Рели́гия
Стать религио́зным (челове́ком)
Чита́ть ле́кции + по чему?
Нау́чный коммуни́зм

28. Почему мать и муж скандалят?
29. Куда муж Нины хочет отвести сына?
30. Что думает об этом Нина?
31. Почему мать называет мужа Нины «перерожденец»?

Делово́е предложе́ние [0:31:12]:

Заключа́ть / заключи́ть делово́е соглаше́ние + с кем?
Заключа́ть / заключи́ть фикти́вный брак + с кем?
Вы́годно + кому?
Принадлежа́ть к стари́нному аристократи́ческому ро́ду
Пото́мок аристократи́ческой дина́стии
Бухга́лтер
Скрыва́ть / скрыть пра́вду + от кого?
Кале́чить / покале́чить жизнь + кому?
Выгоня́ть / вы́гнать + кого? откуда?

32. Как Лёва объясняет, что им нужно от Нины?
33. В чём признаётся мать Нины?
34. Сколько лет мать скрывала правду от Нины? Почему?
35. За что посадили отца Нины?
36. Что с ним потом случилось?

В о́череди за арбу́зами [0:36:10]:

Стоя́ть в о́череди + за чем?
Деше́вле
Выбира́ть / вы́брать
Доставля́ть / доста́вить (+ что?) по а́дресу

37. Почему Нина стоит в такой длинной очереди?
38. Что Дима делает с арбузами?

Фами́льное гнездо́ [0:37:11]:

Отбира́ть / отобра́ть + что? у кого?
Держа́ть скобяну́ю ла́вку
Ла́вочник
Забива́ть го́ловы + кому? чем?
Нау́чный коммуни́зм
Не попада́йся мне на глаза́! = Get out of my sight!
«Гря́зные» де́ньги

39. Куда Дима привозит Нину?
40. Что Дима предлагает Нине?
41. Почему Нина называет Диму «хозяином жизни»?
42. Кто отобрал дом у Шереметевых?
43. Кем был прадед Димы?
44. Где и кем работала Нина раньше?
45. Почему Нина сменила работу?

Глава 5 : Принцесса на бобах								85

Ди́ма «покупа́ет» чле́нов семьи́ Ни́ны [0:43:43]:

Ба́тюшка
Поже́ртвование на ремо́нт хра́ма
Лома́ться (на трёх рабо́тах) = рабо́тать без о́тдыха (colloq.)
Упрека́ть / упрекну́ть + кого? в чём?
Рыда́ть
Купи́ть в долг
Обвиня́ть / обвини́ть + кого? в чём?
Склоня́ть / склони́ть (+ кого?) на свою́ сто́рону
Ста́скивать / стащи́ть с крова́ти
Уда́риться голово́й (+ об(о) что?)
Жале́ть / пожале́ть + кого?

46. Как Ди́ма «помо́г» Ни́ниной ма́тери?
47. Как Ди́ма «покупа́ет» бы́вшего му́жа Ни́ны?
48. Почему́ муж Ни́ны говори́т Ди́ме: «Ненави́жу вас всех»?
49. В чём Ди́ма упрека́ет Ни́ниного му́жа?
50. Почему́ дочь Ни́ны рыда́ет?
51. Как Ди́ма склоня́ет на свою́ сто́рону Ни́нину дочь?
52. В чём Ни́на обвиня́ет дочь?
53. Как Ни́на отно́сится к му́жу?

Но́чью [0:59:59]:

Витри́на магази́на
Молото́к
Уда́рить + чем? по чему?
Разбива́ться / разби́ться (Стекло́ не разби́лось)
Нажива́ть / нажи́ть состоя́ние
Рабо́тать без сна и о́тдыха
Гнать
Продешеви́ть
Упусти́ть
Схвати́ть
Су́нуть в ла́пу = дать взя́тку (colloq.)
То́шно

54. Куда́ Ни́на идёт но́чью? Заче́м она́ берёт с собо́й молото́к?
55. Почему́ Ни́на называ́ет Ди́му «ми́стером Тви́стером»?
56. Как Ди́ма нажи́л своё состоя́ние?
57. Ди́ме нра́вится занима́ться би́знесом?
58. Чем хо́чет занима́ться Ди́ма?
59. Как Ни́на тепе́рь отно́сится к Ди́ме?

Пое́здка на ра́ут во Дворя́нское собра́ние [1:14:39]:

Магази́н оде́жды
Ту́фли на каблука́х
Ме́рить / приме́рить (пла́тье, костю́м)
Парикма́херская
Де́лать / сде́лать причёску (Ей сде́лали причёску)
Устава́ть / уста́ть
Засыпа́ть / засну́ть
Просыпа́ть / проспа́ть

60. Как Ди́ма гото́вит Ни́ну к ра́уту?
61. Куда́ он её снача́ла везёт?
62. Почему́ Ни́на и Ди́ма не попа́ли на ра́ут?

Поездка на дачу [1:24:32]:

Привозить / привезти + кого? куда?
Приводить / привести + кого? куда?
Спальня
Кровать (f.)
Класть / положить (+ что?) под одеяло
Боб
Садиться / сесть + на что?
Чувствовать / почувствовать

В ЗАГСе [1:31:24]:

Церемония бракосочетания
Менять / поменять фамилию
Ставить / поставить подпись
Прерывать / прервать церемонию

Прощальный бал [1:35:23]:

Карета
Кучер
Фейерверк
Устраивать / устроить прощальный бал
Расставаться / расстаться + с кем?
Отказываться / отказаться + от чего?
Соглашаться / согласиться + с кем/чем?
Убежать
Садиться / сесть + на что? (на ступеньки эскалатора)
Сидеть + на чём?

63. Что произошло, когда Дима привёз Нину к себе на дачу?
64. Почему ей не очень удобно сидеть на кровати?
65. Что Дима таким образом проверяет?
66. Какой сюрприз ожидал Нину, когда она вернулась домой с дачи?
67. Чего боится бывший муж Нины?

68. Почему Дима решил не менять фамилию?
69. Почему Нина прерывает церемонию?

70. Какой сюрприз Дима приготовил Нине?
71. Что Нина имеет в виду, когда говорит, что она старше Димы «на целую жизнь»?
72. За что Нина благодарна Диме?
73. Что сделала Нина, когда услышала, что Дима её любит?
74. Как вы думаете, Нина вернётся к Диме?

5.9 Расскажите об эпизоде

Выберите один или два эпизода из фильма (задание 5.8) и подробно расскажите о них, используя лексику эпизодов и подходящие по смыслу союзы: *сначала; после этого; потом; перед тем как; после того как; в то же время; в то время как; пока; когда; в это время; а; но.*

5.10 Реплики из фильма

Кто, кому и когда это говорит?

1. Берёшь её фамилию. Через год разбежались тихо-мирно. И всё, ты – Трубецкой.
2. Музей мы отстояли. У нас пикет у памятника Ленину.
3. Ну, как ты мог? Это же Ирке в дорогу. Там же треть моей зарплаты. – Ну а что мне в этом доме можно?
4. Пусть крестит. Дайте мне поспать.
5. Ну, куда ты едешь? Какая из тебя коммерсантка? Ты же даже таблицу умножения не помнишь.
6. Речь идёт о деловом соглашении крайне выгодном для вас. – Какое соглашение? Что мы можем вам предложить?
7. Пусть каждый выберет себе по арбузу. Фирма платит. Прошу вас.
8. Молоток забыла. Пойди забери. Улика.
9. Дай ей хоть раз в жизни выспаться. Она же скоро коньки отбросит. Совсем заездили бабу.
10. Ты настоящая принцесса на горошине. Ты настоящая графиня.

5.11 Головоломка

Используя по одному слогу из каждой колонки, найдите здесь слова из списка в 5.8. Начало каждого слова дано в первой колонке.

У	ЧЕС	КА
ПРО	СЫ	ВАТЬ
ГРЯЗ	ДЕР	НО
СТА	ГОД	ЫЙ
УС	ТА	ЛЕТЬ
СО	НЫ	ЖАТЬ
ВЫ	РИНН	Е
МА	ЖА	РАТЬ
ЗА	ДА	ПАТЬ
ПРИ	БИ	ЗИН
ПО	ГА	ВАТЬ

5.12 Кроссворд

<u>Слово по вертикали:</u>

Семья Нины принадлежит к _____ аристократическому роду Шереметевых.

<u>Слова по горизонтали:</u>

- События в фильме происходят в 90-ые годы, после_____(4)_____ СССР.

- Нина одна _____(1)_____ семью, зарабатывая деньги на трёх работах. Утром она продаёт газеты, днём _____(9)_____ лестницу в подъезде, а ночью _____(9)_____ посуду в ресторане.

- Бывший муж Нины всё время читает Библию и ходит в церковь. Он нашёл выход в _____(5)_____. Нина его _____(3)_____.

- Мать Нины _____(8)_____ - агитатор. Она активно помогает коммунистам.

- Дима думает, что Нина легко согласится дать ему свою фамилию, потому что ей это _____(6)_____.

- В начале фильма Нина уверена, что так как Дима из «новых русских», деньги его «_____(7)_____».

- Нина не привыкла носить _____(10)_____ одежду и получать _____(2)_____ в подарок.

Глава 5 : Принцесса на бобах   89

5.13 Сцены из фильма

Напишите о сцене, которая ...

а) больше всего вам понравилась;

б) кажется вам самой смешной;

в) по вашему мнению, является кульминационной сценой фильма;

г) кажется вам наименее важной, потому что она ничего не добавляет к развитию сюжета.

Эти слова помогут вам выразить ваше мнение. Расширенный список подобных слов и выражений вы найдёте на странице 163.

В конце концов	Одним словом
В отличие от	По мнению (+ кого?)
Вместо того, чтобы	По следующим причинам
Во-первых, ... Во-вторых,... В-третьих,...	По сравнению с тем, что
Дело в том, что	Поскольку
Для того, чтобы	После того, как
Если	После этого
Если бы	Потому (,) что
Значит	Поэтому
Из-за того, что...	Прежде всего
К сожалению	При условии, что
Кажется	С одной стороны...., с другой стороны...
Когда	С точки зрения (+ кого?)
Кроме того, что	Судя по тому, что
Например	Так как
Несмотря на то, что	Таким образом
Но	Тем не менее
Однако	Хотя

5.14 Сценаристы и актёры

Напишите и разыграйте в классе сцену, которой нет в фильме. Например, Нина возвращается домой из ЗАГСа, отказавшись выйти замуж за Диму. Дома Нину встречают мать, дочь, бывший муж и подруга.

5.15 Напишите

1. Вспомните сказку «Принцесса на горошине». Какая сцена в фильме напоминает вам эту сказку? (См. текст сказки в 5.23)
2. Какие черты в характере Димы отталкивают Нину и какие её привлекают?
3. Сравните американский фильм "Pretty Woman" с фильмом «Принцесса на бобах». Как режиссёры этих фильмов интерпретируют тему Золушки?
4. О каких изменениях в российском обществе рассказывает фильм?

5.16 Перевод

- Прочитайте разговор между Ниной и Димой.
- Перепишите его в косвенной речи.
- Переведите на идиоматичный английский.

(*Дима*) - Давай, садись в машину.
(*Нина*) - Не трогай меня!
(*Дима*) - На газету села! Газету учредили, свою. «Фабрикант» называется.
(*Нина*) - «Владелец заводов, газет, пароходов. Мистер Твистер – миллионер»... Чего тебе нужно? Чтобы люди к тебе на коленях ползли за деньгами твоими грязными?!
(*Дима резко тормозит.*)
(*Нина*) - С ума сошёл!
(*Дима*) - Почему же они грязные, мадам?
(*Нина*) - Да потому что отмывал их там... Пакость всякую... Деньги свои...
(*Дима*) - Я ничего не отмывал. Я вам, мадам, не прачечная. Пока вы марксизмом-ленинизмом несчастным детям забивали головы, я, видите-ли, работал. Пять лет, как проклятый. Без сна и отдыха.
(*Нина*) - Бедненький. Может пожалеть тебя?
(*Дима*) - Пожалеешь ты со спесью твоей высокородной, с гонором твоим. Пятак ему цена.
(*Нина*) - Открой дверь.
(*Дима*) - Сиди. Куда ты пойдёшь пьяная в три часа ночи? Я тебя домой отвезу.
(*Нина*) - Выпусти меня. Мне плохо. Я водку вообще не пью. Выпила стакан на голодный желудок.

[...]

(*Нина*) - Давай, вези меня домой.
(*Дима*) - Я отвезу. Куда спешить-то? Давай поговорим, раз уж ты здесь. Я тебе объясню. Я давно хотел тебе объяснить... Я там нищий был. Я там корпел над оптимальной формой сливного бачка. За сто двадцать рублей в месяц. Теперь у

Глава 5 : Принцесса на бобах   91

меня пять магазинов, две фабрики. Я – фабрикант. У меня пять магазинов. Я их ненавижу. Я не тяну это дело. Как-то надо всё время гнать. Знать конъюнктуру, не продешевить, не упустить. Тут схватить, там урвать, там в лапу сунуть. Я не могу больше. Я не хочу. Хочу назад, обратно к своим ста двадцати рублям. И знать, что деньги будут, что мне их хватит, и на портвейн, и на колбасу за 2.20.

(*Нина*) - Да ладно, врать-то. Лиши тебя сейчас твоих капиталов, удавишься.
(*Дима*) - Чем-то ты меня зацепила. Если обидел, прости, я не хотел. Правда. Тошно мне, Нина. Понимаешь?

5.17 Перевод

- Переведите разговор из сцены знакомства Нины и Димы на идиоматичный русский. Сравните с разговором в фильме.

(*Lyova*) - May we come in?
(*Nina*) - Who are you? Who are you looking for?
(*Lyova*) - We're here to see you. *(Gives flowers to Nina.)* These are for you. Here you are.
(*Nina's mother*) - Who are they, Nina?
(*Nina*) - I don't know.
(*Lyova*) - I'll explain everything. Only maybe not here?
(*Nina's mother*) - Come in.
(*Lyova*) - Thank you. *(To Nina)* You are Nina Nikolaevna, aren't you?
(*Nina*) - Me? Yes, I am.
(*Lyova*) - This is about a business contract, extremely profitable for you.
(*Nina*) - What contract? What can we offer you?
(*Lyova*) - The family name. Your family name.
(*Nina*) - My family name? What do you need it for?
(*Lyova*) - Well, you are an offspring of an aristocratic dynasty.
(*Nina*)- What dynasty? My father was an accountant. My mother was a storekeeper. We are not related to those Sheremetevs. Mom, dad was an accountant, wasn't he?
(Nina's mother)- Yes, he was an accountant, but he was from "those people"...
(*Nina*) - From "those people"? I don't believe it. And you've kept silent about this all these years!
(*Nina's mother*) - I've been silent and I'd rather remain silent. Why do you need to know this? My life was ruined because of it. He was arrested in 1940. I was pregnant then. The boy was born stillborn [= мёртвый]. What did they put him in jail for? For nothing, for having aristocratic origins. In 1956, he was released, utterly sick. In 1958, you were born. And then on Easter, he died. And before he died, he asked you not to change your name when you get married.
(*Lyova to Nina*) - So, you are married then.
(*Nina*) - Divorced. But we're living in the same apartment. What do you need from me?
(*Nina's ex-husband*) - Everything seems to suggest that they need a fictitious marriage. *(To Lyova and Dima)* Get out!
(*Nina to her mother*) - Mom, how could you not tell me? Maybe my life would have been different. Maybe I would not be cleaning the stairs.
(*Nina's mother*) - Yes, you would. But you would have started cleaning them twenty years earlier. Nobody would have allowed you to teach scientific communism with such a biography.

5.18 Перевод

- Переведите текст на идиоматичный русский, используя союзы и соединительные слова и фразы (см. задание 5.13) и обращая внимание на русские эквиваленты местоимений *who, whose, that, which*.

    Princess on the Beans is a bittersweet fairytale that reflects much of contemporary post-Soviet life. As becomes clear at the end of the film, the title is a pun on the fairytale *Princess and the Pea*, which is well known in both Russia and America. What distinguishes this fairytale and makes it specific to Russia is the variety of ideologies the characters represent. There is Nina Nikolaevna's former husband, who is an Orthodox Christian, wants to baptize their son, and spends his days reading the Bible at home. There is Nina's mother, who is a Communist sympathizer, and Dima Pupkov, the successful businessman, who studied communism as a graduate student. Nina and her daughter, Ira, are also "businessmen": they sell goods on the street to earn extra money.

    Unlike most fairytales that idealize life, this story shows the dark side as well as the light. We see social inequality, which was not portrayed in Soviet times. There are people who work hard to survive, like Nina; there are people who have so much money they don't know what to do with it, like Dima: and there are people without any money, like the woman with the sign "Victim" hanging on her, who must beg for it on the street.

    Nina surprises us when she rejects Dima and the comfortable life he offers. Rather than accepting his wealth, she stays true to herself and her family. We see, however, by her physical appearance at the end of the film (her new hairstyle, the pearl necklace) that she has changed the way she thinks about herself: she respects herself in a new way, and this is more valuable than any mansion.

    The ending isn't entirely clear. She seems to have fallen in love with Pupkov, but keeps running away from him. The final scene is her sitting on the broken escalator looking down at Dima, who is yelling that he loves her. We don't know whether she goes to him or not.

5.19 Рекламный ролик

- Напишите сценарий и разыграйте рекламный ролик к фильму (5-7 минут). Ваша задача привлечь зрителя в кино.
- Снимите этот ролик на видео и покажите его в классе.

5.20 Симпозиум

- Напишите ответ на вопрос «Правильно ли сделала Нина, что отказалась выйти замуж за Диму?»
- Подготовьтесь к обсуждению в классе.

5.21 О фильме

Прочитайте и проанализируйте рецензию.

- В чём, по мнению автора, состоит успех фильма «Принцесса на бобах»?
- Какого мнения автор рецензии о фильме? Какие слова и выражения особенно ясно выражают это мнение?

Когда в конце 80-х годов массовый советский телезритель увлёкся мексиканскими и американскими сериалами и мелодрамами, никто не мог предвидеть, как подобный жанр скажется на развитии советского киноискусства. Казалось, что тайны и интриги – ключевые элементы сериалов – не имеют никакого отношения к нашей действительности. Время, однако, показало иначе.

Фильмы, в которых героини, в конце концов, вознаграждаются за свою доброту и терпение, всегда имели успех у зрителя. Вспомним, хотя бы, чрезвычайно популярный фильм «Ирония судьбы». Отличие истории, рассказанной в «Принцессе», от подобных сюжетов состоит, однако, в том, что наша героиня могла быть вознаграждена не только личным счастьем (любовью и, вероятно, впоследствии браком по любви), но ещё и статусом, и богатством. Зритель с замиранием сердца наблюдает, как у простой советской труженицы (бывшего члена КПСС, между прочим) появляется шанс стать «принцессой».

Появившись на киноэкранах в 1997 году, «Принцесса на бобах» отразила происходящие в тот период в постсоветской России социальные перемены. Они заметны в выборе героев фильма. Образ Нины Шереметевой «попал в точку», потому что показал типичного кандидата наук, который в постсоветское время вынужден работать на трёх работах, отнюдь не по специальности, чтобы прокормить свою семью. Образ Димы Пупкова собрал в себе черты представителя нового класса российских капиталистов, так называемых «новых русских». По словам самого Димы, он новый тип российского бизнесмена, которому миллионы дались тяжёлым трудом. Невозможно себе представить, что в реальной жизни эти два абсолютно несовместимых типа героев могли бы заинтересоваться друг другом, не говоря уже о том, чтобы друг в друга влюбиться. Но в кино всё возможно.

Чем «Принцесса на бобах» отличается от столь любимых советским зрителем телесериалов типа «Санта-Барбара» или «Просто Мария»? Страсти в «Принцессе» бушуют не на виллах американских миллионеров и не на мексиканских хасиендах, а на широких проспектах и узких улочках знакомого зрителям города, в «хрущобах» и во «дворцах» «новых русских». В этом и состоит секрет успеха фильма. Как бы ни завлекала зрителя жизнь малопонятных ему иностранных миллионеров, фильмы про своих всегда привлекательнее. Когда с помощью анализа ДНК наконец выясняется, что бедная, измученная жизнью Мария – законная, когда-то кем-то похищенная дочь миллионеров, у нашего зрителя на глаза наворачиваются слёзы. Но когда постсоветской труженице Нине, посудомойке и продавщице газет, выпадает случай стать «принцессой», зрителям, волей-неволей, верится, что чудо может случиться в любой момент и с нашими «просто Мариями».

5.22 Начинающий кинокритик

Напишите свою собственную рецензию на фильм. Вы можете поместить её на следующие сайты <www.ozon.ru>, <www.bolero.ru>

5.23 Тексты песен и аккорды

Прочитайте сказку Г.Х. Андерсена «Принцесса на горошине».

- Что общего у фильма с этой сказкой?
- Как режиссёр фильма переделал сказку на современный лад?

Принцесса на горошине

Жил-был принц. Он хотел взять себе в жёны принцессу, но только настоящую. Он объехал весь свет, чтобы её найти. Принцесс было много, а вот настоящие ли они, этого он никак не мог узнать. Вернулся он домой и начал горевать: уж так ему хотелось настоящую принцессу.

Как-то ввечеру разыгралась страшная буря: сверкала молния, гремел гром, дождь лил как из ведра. И вдруг в городские ворота постучали. Старый король пошёл отворять. У ворот стояла принцесса. Боже мой, на кого она была похожа от дождя и непогоды! Вода стекала с её волос и платья, стекала прямо в носки башмаков и вытекала из пяток, а она говорила, что она настоящая принцесса.

«Ну, это мы разузнаем!» - подумала старая королева. Но вслух она ничего не сказала, а пошла в спальню, сняла с кровати все тюфяки и подушки и положила на доски горошину. Потом она взяла двадцать тюфяков и положила их на горошину, а на тюфяки ещё двадцать перин из гагачьего пуха. На этой постели и уложили спать принцессу.

Утром её спросили, как ей спалось.

- Ах, ужасно плохо! - отвечала принцесса. - Я всю ночь не сомкнула глаз. Бог знает, что там у меня было в постели! Я лежала на чём-то твердом, и теперь у меня всё тело в синяках!

Тут все поняли, что перед ними настоящая принцесса. Ещё бы, она почувствовала горошину через двадцать тюфяков и двадцать перин из гагачьего пуха! Такой нежной может быть только настоящая принцесса. Принц взял её в жёны, ведь теперь-то он знал, что она настоящая. А горошина попала в кунсткамеру, где её можно увидеть и сейчас. Знайте, что это правдивая история.

Глава 6

Сирота казанская

НТВ-ПРОФИТ, 1997 г., комедия, 82 мин., DVD

Награды:
Приз «Лучшая комедия 1998 года» журнала «Видеомагазин».

6.1 Несколько слов о фильме

«Сирота казанская» – сентиментальная сказка о милой девушке, которая решила опубликовать в газете «Аргументы и факты» неотправленное письмо матери некоему Павлу. И вот однажды в новогоднюю ночь в поселке, где живёт Настя, один за другим появляются три Павла. У всех троих был когда-то курортный роман с девушкой по имени Галя. Все трое оказались одинокими, без семьи и теперь претендуют на звание отца Насти. Все трое – очень неординарные личности. «Сирота казанская» – первая режиссёрская работа Владимира Машкова.

6.2 Над фильмом работали

Режиссёр	Владимир Машков. Актёр и режиссёр театра и кино. Родился в 1963 г. Вырос в Новокузнецке в театральной семье. В 1990 г. закончил школу-студию МХАТ. Актёр театра-студии О. Табакова. Ставит спектакли в театре Сатирикон и в МХАТе. Снялся в более двадцати фильмах. Заслуженный артист России.
Оператор	Николай Немоляев
Сценарист	Олег Антонов
Продюсер	Игорь Толстунов
Композитор	Сергей Бондаренко
Художник	Александр Боровский

6.3 Действующие лица и исполнители

Действующие лица:	Исполнители:
Настя	Елена Шевченко
Коля (жених Насти)	Николай Фоменко
Павел-1	Валентин Гафт
Павел-2	Лев Дуров. Актёр театра и кино. Снялся в более семидесяти фильмах. Родился 23. 12. 1931 г. в Москве. Окончил Школу-студию МХАТ (1954 г.) и Высшие режиссерские курсы при ГИТИСе (Государственный Институт Театрального Искусства) (1978 г.). В 1954-1963 гг.— актёр Центрального детского театра, в 1963-1967 гг. — театра им. Ленинского комсомола, с 1967г. — актёр драматического театра на Малой Бронной. Народный артист СССР (1990 г.).
Павел-3	Олег Табаков
Демендеев (ученик Насти)	Миша Филипчук

6.4 Кто есть кто? Звёзды кинематографии

Найдите информацию о следующих известных деятелях кинематографии в Интернете и сделайте сообщение в классе об одном из них. Вы можете проиллюстрировать свой рассказ клипами из других фильмов, над которыми они работали. (*Совет: Информацию о многих деятелях российского кино вы можете найти на сайте<www.mega.km.ru/cinema>. Вы можете также сделать поиск по интересующей вас фамилии в русскоязычном Google <www.google.com/ru/> или в поисковой системе Yandex <www.yandex.ru>)

Валентин Гафт
Олег Табаков
Николай Фоменко

6.5 Кто? Где? Когда? 10 вопросов к фильму

1. Когда и где происходит действие фильма?
2. Кто главные герои фильма?
3. Сколько им лет?
4. Чем они занимаются?
5. Почему три Павла приезжают в посёлок, где живёт Настя?
6. Где и как Настина мама познакомилась с мужчиной, которого звали Павел?
7. Почему Павлы не могли найти Настю раньше?
8. Что Настя знает о своём отце?
9. Почему Настя сказала, что у неё нет сейчас маминых фотографий?
10. Кто из трёх Павлов отец Насти?

6.6 Что сначала? Что потом?

Расположите предложения в том порядке, в каком произошли события в фильме. Используйте, где уместно, следующие союзы: *потом; когда; после того как; в то время как; в то же время; через какое-то время; через несколько дней / лет; несколько дней спустя.*

- Появляется второй Павел и утверждает, что это он познакомился с Настиной мамой в пансионате «Солнечный».
- Коля просит руки Насти у трёх Павлов.
- Накануне Нового года ученик Насти Демендеев пытается прочитать стихотворение Пушкина, чтобы получить тройку за четверть.
- Случайно увидев фотографию Настиной мамы, Павлы решают уехать.
- В дом к Насте приходит первый Павел и рассказывает, где и как он познакомился с матерью Насти.

- Настя решает не показывать фотографию матери Павлам.
- Три Павла и Настя готовятся к встрече Нового года.
- В костюме Деда Мороза появляется третий Павел и объясняет, как он разминулся с матерью Насти.
- Пьяный Коля приносит из леса ёлку, вырванную с корнями.
- Коля останавливает поезд, на котором уезжают Павлы.

6.7 Кадры из фильма и задания к ним

1. Соедините реплики с кадрами.

    А) Тише вы! Всю рыбу распугаете.
    Б) Ну вот видишь, ты можешь, когда захочешь.
    В) Теперь я тебя понимаю!
    Г) – Ты где так напился? – В фотоателье. Ты же сама меня туда послала.
    Д) Настя, ты где пропадала? Мы же волнуемся.
    Е) Это же наш первый Новый год. –Ну так вот, мы и встретим его вдвоём, по-семейному.

2. Расположите кадры в хронологическом порядке и кратко расскажите, что происходит в каждом кадре.

3. Конкурс вопросов: задайте как можно больше вопросов к каждому кадру.

4. Опишите отношения между Настей и Демендеевым; между Колей и тремя Павлами; между тремя Павлами.

5. Расскажите о второстепенных героях фильма (Демендеев, Коля). Дополните описания героев вашими собственными предположениями.

Глава 6 : Сирота казанская

6.8 Сцены. Слова. Вопросы.

Слова, которые помогут вам говорить о фильме

*Сирота казанская = человек без семьи, без родственников.

Настя и Демендеев в школе [1-01:15]:

Читать / прочитать стихотворение
Стихотворение А.С. Пушкина «Зимнее утро»
Учить / выучить
Наизусть
Вместе
Ставить / поставить (+ кому?) тройку
Счастлив

Настя дома [2-04:00]:

Посёлок
Изба, избы
Провинция
Российская глубинка = deep Russia
Бутылка шампанского
Ронять / уронить
Разбивать / разбить
(Не) одет/а
Райцентр = районный центр = district center
Родня = родственники
Собирать / собрать
Собираться / собраться
Смотреть / посмотреть + на кого?
Невеста
Жених
Оставаться / остаться (дома)
Вдвоём
По-семейному
Трактор
Тракторист

Вопросы:

1. Кто и почему называет Настю «сирота казанская»?
2. Вечер, 31 декабря, а Настя и её ученик Демендеев до сих пор в школе. Почему?
3. Где живёт Настя?
4. Куда и почему должны ехать Настя и Коля?
5. Что предлагает Настя?
6. Как Коля реагирует на её предложение?
7. Куда и зачем уезжает Коля?

Глава 6 : Сирота казанская   101

Настя и Павел-1 [4-09:20]:

Заходить / зайти
Незнакомый мужчина
Поздравлять / поздравить + кого? с чем?
С наступающим!
Дарить / подарить + кому? что?
Плюшевая собака = a stuffed dog
Письмо в газету
Волноваться / разволноваться
Удивляться / удивиться
(Быть) в шоке
Брать / взять
Забывать / забыть деньги
Представлять / представить + кого? кому?
Выходить / выйти
(Быть) подозрительным
Нервничать
Отправлять / отправить письмо в газету
Проверять / проверить (+ у кого?) паспорт

8. Зачем Павел пришёл к Насте?
9. Почему Павел сразу собрался уходить?
10. Почему вернулся Коля?
11. Опишите, как ведут себя в этой сцене Настя, Павел и Коля?
12. Почему Коля себя так ведёт?

Настя и Павел-1 за столом [5-13:04]:

Находить / найти (ребёнка) в капусте = так некоторые родители объясняют маленьким детям их появление на свет (Мы нашли тебя в капусте).
У нас не сложилось. = Things did not work out between us.
Расставаться / расстаться + с кем?
Прощаться / попрощаться + с кем?
Циркач = человек, который работает в цирке; ловкий человек, обманщик
Фокусник
На пенсии

13. Есть ли у Павла-1 семья?
14. Что Галя (Настина мама) рассказала Насте о её отце?
15. Как Галя и Павел расстались?
16. Чем Павел-1 занимается?
17. Как вы думаете, Настя похожа на Павла-1?

Приходит Павел-2 *[7-20:20]*:

Лётчик-космонавт
Подполковник в отставке
Дочь, дочка
Удивляться / удивиться + кому/чему?
(Быть) в шоке
Открыть рот от удивления
Знакомиться / познакомиться + с кем?
Уверен
Недоразумение
Путать / напутать
Пансионат
Очаровательная женщина
Роман + с кем?
Военный билет
Доказывать / доказать + кому? что?
Награждать / наградить + кого? чем? за что?
Отпуск
Танцевать танго + с кем?
Пансионат «Солнечный»
Парусник
Проплывать / проплыть
Белый пиджак
Молочный коктейль
Драться / подраться
Разнимать / разнять
Упрекать / упрекнуть + кого? в чём?
Справедлив
Виноват + перед кем?
Принимать / принять валидол

18. Чем занимается Павел-2?
19. Как Настя и Павел-1 реагируют на приход Павла-2?
20. Как Павел-2 ведёт себя?
21. Где и как познакомились Павел-1 и Настина мама?
22. Почему Настина мама не сообщила Павлу-1 о рождении Насти?
23. Как Павел-2 пытается доказать, что у него тоже был роман с Галей?
24. Почему Коля не хочет верить ни одному из Павлов? Сколько лет прошло с тех пор, как Павел и Галя встретились?
25. Кому из двух Павлов верит Настя?
26. Пока Настя и Коля разговаривают на улице, что происходит в доме?
27. В чём Коля упрекает обоих Павлов? Справедлив ли он?
28. Как реагирует Павел-2 на упрёки Коли?

Глава 6 : Сирота казанская   103

Прихо́дит Па́вел-3 [10-30:42]:

Оде́т + во что?
Костю́м Де́да Моро́за
Ма́ска, в ма́ске
Така́я же, тако́й же
Узнава́ть / узна́ть
Кио́ск «У Фёдора»
Размину́ться + с кем?
Руга́ться / поруга́ться + с кем? (друг с дру́гом)
Ссо́риться / поссо́риться + с кем?
Администра́тор в пансиона́те
У нас тут не а́дресное бюро́
Разбира́ться / разобра́ться (Сам разбира́йся...)
Разбира́ться / разобра́ться + с кем? = поби́ть + кого? (colloq.)
Попада́ть / попа́сть в мили́цию
Кок = по́вар во фло́те

29. В како́м ви́де Па́вел-3 прихо́дит к На́сте?
30. Почему́ На́стя сра́зу же спра́шивает: «Вы оте́ц?»
31. Как получи́лось, что все три «отца́» принесли́ На́сте одина́ковые пода́рки?
32. Почему́ Па́вел-3 не спроси́л у Га́ли её фами́лию?
33. Как Па́вел-3 пыта́лся узна́ть Га́лину фами́лию? Почему́ он попа́л в мили́цию?
34. Чем сейча́с занима́ется Па́вел-3?

Прихо́дит Деменде́ев [11-34:40]:

Поздравля́ть / поздра́вить + кого? с чем?
Торт со све́чками
Ско́льзко
Поскользну́ться
Па́дать / упа́сть
Ба́тя = оте́ц

35. Заче́м пришёл Деменде́ев?
36. Почему́ он говори́т: «Я лу́чше за́втра зайду́»?

Сце́на с фотогра́фией [11-35:43]:

Пока́зывать / показа́ть
Альбо́м с фотогра́фиями
Забыва́ть / забы́ть
Лгать / солга́ть
Увози́ть / увезти́ в фотоателье́
Увели́чивать / увели́чить
Портре́т
Привози́ть / привезти́ (+ что?) наза́д

37. Что, по слова́м На́сти, Ко́ля сде́лал с ма́миными фотогра́фиями?
38. Почему́ На́дя лжёт, что у неё сейча́с нет ма́миных фотогра́фий?
39. О чём На́стя про́сит Ко́лю?
40. Ко́ля понима́ет, что происхо́дит?

Настя и три Павла [13-38:56]:

Смея́ться / посмея́ться
Не́рвно
Ходи́ть по ко́мнате
Татуиро́вка
Га́гры
Со́чи
Я́лта
Пансиона́т «Со́лнечный» (типи́чное назва́ние пансиона́та на Чёрном мо́ре)

Ко́ля прино́сит ёлку из ле́са [14-42:04]:

Вырыва́ть / вы́рвать ёлку с корня́ми
Напива́ться / напи́ться
Фотоателье́
Пья́ный
Е́здить / съе́здить в райце́нтр
По́зже
Тесть, те́сти
Ве́рить / пове́рить + кому?
Врать / совра́ть = лгать / солга́ть
Стро́ить / постро́ить да́чу
В ста́рости
Возвраща́ть / верну́ть (+ что?) на ме́сто
Обвиня́ть / обвини́ть + кого? в чём?
Привести́ себя́ в поря́док
Корми́ть / накорми́ть + кого? чем?

41. Какой «документ» предъявляет Павел-3?
42. В каком городе каждый из Павлов познакомился с женщиной по имени Галя?
43. Знает ли Настя, где отдыхала её мама?
44. Как вы думаете, она говорит правду? Почему?
45. В каком виде возвращается Коля?
46. Откуда у него ёлка?
47. Как Коля объясняет, почему он не привёз фотографии?
48. В чём Коля обвиняет Павлов?
49. О чём Настя просит Колю?
50. О чём Настя сейчас беспокоится?

Глава 6 : Сирота казанская   105

Па́влы занима́ются хозя́йством [15-45:38]:

Гото́вить / пригото́вить пра́здничный у́жин
Ремонти́ровать / отремонти́ровать
Украша́ть / укра́сить ёлку
Еда́ для космона́втов
Пробовать / попробовать
Мармела́д
Спо́рить / поспо́рить + с кем? (друг с дру́гом)
Обижа́ть / оби́деть + кого?
Объявля́ть / объяви́ть переми́рие + с кем?
Жизнь (не) состоя́лась. = Life did (not) work out.
(Всё) бро́сить
Своя́ кварти́ра
Жале́ть
Волнова́ться + о ком/чём?

51. Как каждый из трёх Павлов старается показать себя перед Настей?
52. Что предлагает к столу Павел-2?
53. Что предлагает к столу Павел-3?
54. Как Настя себя ведёт по отношению к каждому Павлу?
55. Почему Павлы пьют за Настю?
56. Что каждый из Павлов говорит о своей жизни?
57. Как Павлы относятся к Насте?

На́стя, три Па́вла и Ко́ля [16-51:46]:

Стол, по́лный еды́
Укра́шенная ёлка
Отремонти́рованный телеви́зор
Смотре́ть (+ на кого/что?) с го́рдостью
Замерза́ть / замёрзнуть
Замёрз
Заболе́ть
Раздева́ть / разде́ть
Растира́ть / растере́ть (+ кого?) спи́ртом

58. Как Павлы подготовились к встрече Нового года?
59. В каком виде возвращается Коля?
60. Почему Павлы раздевают Колю?
61. Почему Коля говорит Насте: «Теперь я тебя понимаю»?
62. Как Коля теперь относится к Павлам?

Все вме́сте за пра́здничным столо́м [18-55:56]:

Расска́зывать / рассказа́ть
Смешны́е исто́рии
Петь
Вме́сте
Танцева́ть / станцева́ть

63. Как Настя, Коля и три Павла проводят время вместе?

На кого похожа Настя? [18-59:28]:

Спорить / поспорить + о чём?
Похожа + на кого?
Жесты фокусника
Проверять / проверить
Вестибулярный аппарат
Передаваться / передаться по наследству
Кружиться
Голова закружилась
Стало плохо
Выйти на воздух
Беременна
Дед (pl. деды)
Внук, внучка

64. Как Павлы проверяют, на кого больше похожа Настя?
65. Что выясняется, когда Павел-2 пытается проверить вестибулярный аппарат Насти?

Коля просит руки Насти [19-1:02:03]:

Просить / попросить (+ у кого?) руки (+ кого?)
По-старомодному
Свадьба
Подарок
Торт со свечками
Стучать / постучать
Иллюминатор
Летать в космос
Представлять / представить себе

66. Когда будет свадьба?
67. Как Павлы проверяют, хороший ли Коля муж для Насти?
68. Как Настя защищает Колю?
69. Как выяснилось то, что Павел-2 не летал в космос?
70. Так кто же из троих отец Насти?

Утром [21-1:10:40]:

Сниться / присниться (+ кому?)
Сон
Удить рыбу
Втроём
Спорить / поспорить
Шуметь
Тише!
Будить / разбудить + кого?
Ребёнок в коляске
Альбом с фотографиями

71. Кому снится сон?
72. Как ведут себя Павлы во сне?
73. Как зовут ребёнка Насти?
74. Почему Павел-1 одевается и уходит?

На ста́нции [23-1:15:04]:

По́езд
Купе́
Ре́льсы, на ре́льсах
Бежа́ть вдоль по́езда
Находи́ть / найти́
Пока́зывать / показа́ть же́стами
Надева́ть / наде́ть плато́к на го́лову

74. Почему каждый из Павлов решил уехать?
75. Как Коля остановил поезд?
76. Опишите финальную сцену.

6.9 Расскажите об эпизоде

Выберите один или два эпизода из фильма (задание 6.8) и подробно расскажите о них, используя лексику эпизодов и подходящие по смыслу союзы: *сначала; после этого; потом; перед тем как; после того как; в то же время; в то время как; пока; когда; в это время; а; но.*

6.10 Реплики из фильма

Кто, кому и когда это говорит?

1. Стой! Теперь иди!
2. Ты паспорт у него смотрела?
3. А на русском ничего нет?
4. Не волнуйтесь, у меня никого нет.
5. Настя, теперь я тебя понимаю.
6. Только не ругайтесь, пожалуйста, я вас очень прошу.
7. Я лучше завтра зайду.
8. Хорошие вы ребята, но только двое из вас врут.
9. Предлагаю объявить перемирие до утра и выпить за Настю.
10. Что же я голым буду Новый год встречать?

6.11 Головоломка

Используя по одному слогу из каждой колонки, найдите здесь слова из списка в 6.8. Начало каждого слова дано в первой колонке.

КОС	ХО	ДИТЬ
ФО	МО	РЯТЬ
СМЕ	ВИ	НЯТЬ
СО	КУ	ЧАТЬ
НЕРВ	ХО	НОК
ПО	ВЕ	ЖА
НА	БЁ	НАВТ
ПРО	СПО	СНИК
ОБ	ЯТЬ	СЯ
ПО	БА	КА
РЕ	НИ	РИТЬ

6.12 Кроссворд

<u>Слово по вертикали:</u>

Коля работает в посёлке _____ .

Глава 6 : Сирота казанская   109

Слова по горизонтали:

- Настя предложила Коле встречать Новый год дома _____(12)_____.
- Настя купила бутылку шампанского, но _____(2)_____ её, когда вошла в дом.
- Павел-1 так _____(3)_____, когда увидел Настю, что хотел сразу уйти.
- Коля долго не хотел _____(7)_____ ни одному Павлу. Он смотрел на них _____(8)_____.
- Когда Настя была маленькой, мама говорила ей, что нашла её в _____(5)_____.
- Настя _____(6)_____, когда сказала Павлам, что у неё сейчас нет маминой фотографии.
- Настя была внимательна к каждому из трёх Павлов, чтобы не _____(1)_____ ни одного из них.
- Сначала Павлы _____(9)_____, но потом ради Насти они перестали ругаться.
- Павел-1 _____(4)_____ ёлку, Павел-2 _____(10)_____ телевизор, а Павел-3 _____(11)_____ праздничный ужин.

6.13 Сцены из фильма

Напишите о сцене, которая...

а) больше всего вам понравилась;

б) кажется вам самой смешной;

в) по вашему мнению, является кульминационной сценой фильма;

г) кажется вам наименее важной, потому что она ничего не добавляет к развитию сюжета.

Эти слова помогут вам выразить ваше мнение. Расширенный список подобных слов и выражений вы найдёте на странице 163.

В конце концов	Одним словом
В отличие от	По мнению (кого?)
Вместо того, чтобы	По следующим причинам
Во-первых, ... Во-вторых,... В-третьих,...	По сравнению с тем, что
Дело в том, что	Поскольку
Для того, чтобы	После того, как
Если	После этого
Если бы	Потому (,) что
Значит	Поэтому
Из-за того, что...	Прежде всего
К сожалению	При условии, что
Кажется	С одной стороны...., с другой стороны...
Когда	С точки зрения (кого?)
Кроме того, что	Судя по тому, что
Например	Так как
Несмотря на то, что	Таким образом
Но	Тем не менее
Однако	Хотя

6.14 Сценаристы и актёры

Напишите и разыграйте в классе сцену, которой нет в фильме. Например, Настя и Коля уговаривают трёх Павлов не уезжать.

6.15 Напишите

1. Как, когда и почему Коля изменил своё отношение к Павлам?

2. Напишите продолжение фильма. Как сложились жизни героев фильма?

3. Как повернулись бы события, если бы, в конце концов, один из Павлов оказался настоящим отцом Насти?

4. Фильмы «Ирония судьбы» и «Сирота казанская» принадлежат к жанру так называемых «рождественских сказок». Чем эти два фильма похожи?

6.16 Перевод

- Прочитайте разговор между тремя Павлами.
- Перепишите его в косвенной речи.
- Переведите на идиоматичный английский.

(*Павел-3*) - Мужики, есть предложение. Предлагаю объявить перемирие до утра. Если б не Настя, кто знает, где бы мы встречали этот Новый год. Посему предлагаю выпить за Настю. Прошу голосовать путём чокания и выпивания.

(*Павел-1 и Павел-2*) - За Настю!

(*Чокаются и пьют.*)

(*Павел-3*) - Да, своеобразное у жизни чувство юмора. Думал, что уже ничему не удивлюсь. Так-сяк жизнь состоялась. А вот прочёл письмо, и как кипятком по спине. Себя не обманешь, ничего не состоялось. Бросил всё и как чумовой сюда примчался.

(*Павел-1*) - Мама моя хорошо готовила, особенно борщ украинский. Я всех своих друзей на борщ приглашал. У нас была огромная квартира. В столовой стоял большой дубовый стол, а над ним висел абажур с бахромой.

(*Павел-2*) - А почему в прошедшем времени? Сейчас нет этой квартиры?

(*Павел-1*) - Квартира есть, меня там нет.

(*Павел-2*) - А у меня никогда не было своей квартиры. Вот моя квартира (*стучит по дипломату*). Тут и спальня, и гостиная, и абажур с бахромой. Но не жалею, не жалею. Прочёл это письмо и подумал: вот ведь, не бывает так, чтобы всё зря. Куда это дочка запропастилась? Пойду, гляну.

(*Павел-1*) - И я с тобой.

(*Павел-3*) - Я тоже.

(*Входит Настя*)

(*Павел-3*) - Настя!

(*Павел-1*) - Ты где пропадала?

(*Павел-2*) - Мы же волнуемся.

6.17 Перевод

- Переведите разговор между Настей и Павлом-1 на идиоматичный русский. Сравните с разговором в фильме.

(*Pavel-1*) - Hello! Happy New Year!

(*Nastya*) - Same to you!

(*Pavel-1*) - (*Offering a toy dog to Nastya.*) This is for you.

(*Nastya*) - Thank you.

(*Pavel-1*) - Goodbye.

(*Nastya*) - Excuse me, who are you?

(*Pavel-1*) - Haven't I said who I am?

(*Nastya*) - No.

(*Pavel-1*) - I am here in connection with the letter in the newspaper. I am Pavel.

[…]

(*Nastya*) - More tea?

(*Pavel-1*) - Yes, thank you. I should probably go. Excuse me.

(*Nastya*) - I've been looking forward to your letter so much.

(*Pavel-1*) - Really? I wrote you a letter as soon as I read your letter in that newspaper. And then, after I read what I wrote, I tore it up and decided to come see you. I didn't want to disturb you. I thought, I'll just look at you and leave. And when I saw you near the school... You look so much like Galya... I thought, I am not just leaving. Silly, isn't it?

(*Nastya*) - No, not at all. If only you knew how I worried about that letter. What if they wouldn't publish it? What if you wouldn't notice it in the newspaper? What if you were happily married and had children?

(*Pavel-1*) - Don't worry, I don't have anybody.

[...]

(*Pavel-1*) - Imagine, Sochi, the sea... I remember it so vividly, I was wearing white canvas pants and the same kind of sports jacket...

(*Nastya*) - That you tore when you were climbing over the fence to get flowers.

(*Pavel-1*) - How do you know?

(*Nastya*) - It's in the letter.

(*Pavel-1*) - Did your mother really never talk about me?

(*Nastya*) - When I was little, she joked that she had found me in the cabbage leaves. When I grew up she told me only once, "Your father is a very nice person. We just could not make it work."

(*Pavel-1*) - Yeah, "could not make it work"... For six days I felt like I had wings behind my back. I did incredibly silly things. And then she just got on the train and did not even say goodbye. Usually, at resorts it's men who do things like this. But on the other hand, what could I offer her? Becoming the wife of a circus performer? Living in a crowded circus car, always moving from place to place?

(*Nastya*) - Are you a circus performer?

(*Pavel-1*) - A magician.

(*Nastya*) - A real one?

(*Pavel-1*) - A real one, but I'm retired.

6.18 Перевод

- Переведите текст на идиоматичный русский, используя союзы и соединительные слова и фразы (см. задание 6.13) и обращая внимание на русские эквиваленты местоимений *who, whose, that, which*.

  Like *Irony of Fate*, *The Kazan Orphan* is set on New Year's Eve, a time of year in Russia associated with folk traditions that include masks and costumes. New Year's Eve is also associated with fantastic events. Although only one of the Pavels comes dressed in a real costume (that of Father Frost), the other two are also wearing a type of mask, namely that of Nastya's father. By the end of the film we learn that all three Pavels were playing roles in someone else's drama. The entire plot of the film is somewhat fantastic, but the most extraordinary events as such are the journey into space and the dream about a happy future.

  The three fathers couldn't be more different, but they all play key roles in the New Year's Eve celebration. In this regard the film resembles a fairy tale in its use of the magic number three. At first, the profession of Pavel-1 seems unimportant to the film's plot. However, the magician plays a main role: he presses an imaginary button that takes the family on a fantastic journey into space. Perhaps the magician also symbolizes the magical spirit of the holidays in general. Pavel-2, the cosmonaut who fixes the television, is also a symbol of the fantastic: his stories about space are like science fiction. Pavel-3 is a chef who prepares a holiday feast and creates a warm atmosphere in the house.

While we never find out who Nastya's real father is and this seems like an unsatisfying ending, at least we are sure that Nastya and Kolya's future child will have a loving family. We see Nastya with her student, whom she treats gently and tenderly, which shows us that she will be a good mother. We are also sure that Nastya is not a typical "Kazan orphan": not only does she have a fiancé who adores her, but after these three special men have entered her life, she cannot feel alone.

6.19 Рекламный ролик

- Напишите сценарий и разыграйте рекламный ролик к фильму (5-7 минут). Ваша задача привлечь зрителя в кино.
- Снимите этот ролик на видео и покажите его в классе.

6.20 Симпозиум

- Напишите ответ на вопрос «Что делает семью семьёй?»
- Подготовьтесь к обсуждению в классе.

6.21 Рецензия на фильм

Прочитайте и проанализируйте рецензию.

- Почему зрительские мнения о фильме разошлись?
- Какую цель преследовали создатели фильма? Достигли ли они её, по-вашему мнению?

Сразу вскоре после выхода на экраны фильм «Сирота казанская» получил бурные зрительские отзывы. Для человека, недостаточно знакомого с советским и российским кинематографом, такая реакция может показаться странной. Ведь «Сирота» – фильм камерный, почти короткометражный, никаких спорных, актуальных проблем в нём нет. Несмотря на резкую противоположность зрительских отзывов, очевидно, что фильм не оставил зрителей равнодушными. Для одной группы зрителей «Сирота» – «полный режиссёрский провал», фильм с «беспомощным сценарием», просто «глупый» фильм. Другая категория зрителей благодарит создателей фильма за «простой», «душевный» фильм, за понятных и располагающих к себе героев.

Для обеих категорий зрителей мерилом оценки «Сироты» послужил фильм «Ирония судьбы», ставший классикой для миллионов зрителей с очень разными эстетическими вкусами и образовательным статусом. Казалось, что «Сирота» с его сюжетом новогодней сказки со счастливым концом, с ожиданием настоящего новогоднего чуда претендовал на повторение успеха «Иронии». Отсюда и завышенные зрительские ожидания занимательного сюжета, искренней игры актёров, доброго юмора, и конечно же, актёрских реплик, которые бы пополнили словарь цитат и афоризмов поп-культуры. Для одной категории зрителей «Сирота» удовлетворял всем этим требованиям. Для другой – рязановская «Ирония» осталась непревзойдённым шедевром, фильмом лиричным, с тонким чувством юмора, с отлично написанным сценарием. Для этой второй группы зрителей фильм Машкова доказывал, что успех «Иронии» невозможно повторить.

Одной из причин ожидаемого успеха «Сироты» были актёры. Трёх Павлов в фильме сыграли актёры знакомые и любимые зрителем по многим фильмам, ставшим киноклассикой. Но и здесь мнения зрителей разошлись. Одни приветствовали актёрский ансамбль Табакова, Гафта и Дурова. Другие отзывались об актёрском составе раздражённо, а иногда и с жалостью: «Сирота» недостоин таких звёзд, почему же они согласились играть в такой халтуре? Похоже, что даже известные актёры вынуждены искать заработок.

Зрители, которым фильм понравился, отмечают его привязанность к родному колориту. По мнению этой группы зрителей, несмотря на то что сюжет фильма в некоторых своих элементах напоминает мексиканские, аргентинские и американские сериалы, пейзаж и, самое главное, характеры героев несомненно отечественные. Патриотично настроенный зритель не забыл похвалить авторов фильма за то, что сняли не очередную «чернуху» по модели американских и европейских «action movies», а «истинно российскую» комедию, что сегодня большая редкость. Это мнение совпадает с намерением авторов фильма. По словам режиссёра фильма Владимира Машкова, среди триллеров, фильмов с насилием и кровью зрителям нужен фильм «добрый», «светлый», оптимистический, не обостряющий, а примиряющий конфлик

6.22 Начинающий кинокритик

Напишите свою собственную рецензию на фильм. Вы можете поместить её на следующие сайты <www.ozon.ru>, <www.bolero.ru>

Глава 7

Восток-Запад

Франция-Россия-Болгария-Испания, 1999 г., драма, 120 мин.

Награды: В 2000 году фильм получил четыре номинации на премию Французской Национальной киноакадемии «Сезар» (французский Оскар), а также номинировался на премии «Оскар» в категории «Лучший фильм на иностранном языке» и «Золотой глобус».

7.1 Несколько слов о фильме

После Второй мировой войны из Франции в Советский Союз возвращаются русские эмигранты. Среди них врач Алексей Головин со своей женой Мари и маленьким сыном Серёжей. Прибыв в СССР, Головины становятся заложниками сталинского террора. Жизнь быстро становится невыносимой, особенно для Мари. Она хочет вернуться во Францию, но оказывается, что это невозможно...

7.2 Над фильмом работали

Режиссёр	Режис Варнье
Авторы сценария	Рустам Ибрагимбеков, Луи Гардель, Сергей Бодров-старший, Режис Варнье
	Сергей Бодров-старший. Сценарист, режиссёр, журналист и писатель. Родился 28. 06. 1948 г. в Хабаровске. Окончил сценарный факультет ВГИКа (1974 г.). По его сценариям снято более двадцати художественных фильмов, завоевавших широкую популярность зрителя («Баламут», «Любимая женщина механика Гаврилова», «Не ходите, девки, замуж» и т. д.). В 1991 г. во Франции издана книга Бодрова «Свобода = Рай», по которой в 1989 г. был снят фильм «СЭР».
Оператор-постановщик	Лоран Дайан
Художники-постановщики	Владимир Светозаров, Алексей Левченко
Композитор	Патрик Дойль

7.3 Действующие лица и исполнители

Действующие лица	Исполнители
Алексей Головин	Олег Меньшиков. Актёр. Снялся в более двадцати фильмах. Родился 08.11.1960 г. Окончил Театральное училище им. Щепкина. В 1981-1982 гг. — актёр Малого театра, в 1982-1985 гг. — Центрального Академического театра Советской Армии, в 1985-1989 гг. — театра им. Ермоловой. Лауреат премии им. Лоуренса Оливье Британской Академии искусств за роль Сергея Есенина в спектакле «Когда она танцевала» (1982 г.). Лауреат Российской независимой премии «Триумф» (1995 г.) за выдающийся вклад в отечественную культуру.
Мари	Сандрин Боннэр
Саша Васильев	Сергей Бодров-младший
Ольга	Татьяна Догилева
Габриэль, французская актриса	Катрин Денёв

7.4 Кто есть кто? Звёзды кинематографии

Найдите информацию о следующих известных деятелях кинематографии в Интернете и сделайте сообщение в классе об одном из них. Вы можете проиллюстрировать свой рассказ клипами из других фильмов, над которыми они работали. (*Совет: Информацию о многих деятелях российского кино вы можете найти на сайте <www.mega.km.ru/cinema>. Вы можете также сделать поиск по интересующей вас фамилии в русскоязычном Google <www.google.com/ru/> или в поисковой системе Yandex <www.yandex.ru>)

Рустам Ибрагимбеков
Сандрин Боннэр
Татьяна Догилева
Катрин Денёв

7.5 Кто? Где? Когда? 10 вопросов к фильму

1. Где и когда происходит действие фильма?
2. Кто главные герои фильма?
3. Кто из них хотел вернуться в Советский Союз? Почему?
4. В каком городе в Советском Союзе они живут?
5. Где и кем работает Алексей?
6. С кем дружит Мари в квартире, где они живут?
7. Каким спортом занимается Саша?
8. Как он бежит из Советского Союза?
9. За что Мари арестовывают и отправляют в лагерь?
10. Когда и каким образом Мари и Серёжа возвращаются во Францию?

7.6 Что сначала? Что потом?

Расположите предложения в том порядке, в каком произошли события в фильме. Используйте, где уместно, следующие союзы: *потом; когда; после того как; в то время как; в то же время; через какое-то время; через несколько дней / лет; несколько дней спустя.*

- Тренер выгоняет Сашу из команды.
- Алексей Головин с семьёй возвращается из эмиграции в СССР.
- Шесть лет спустя Мари возвращается из лагеря.
- Головина с женой и сыном посылают жить в Киев.
- Бабушку Саши арестовывают по доносу Ольги.
- Саша переезжает в комнату Головиных.
- Перед спектаклем французского театра Алексей произносит речь, в которой он благодарит Советское правительство за заботу о репатриантах.

- Головин организует побег жены и сына из СССР.
- Алексей говорит Мари, что он переспал с Ольгой.
- Головин, Мари и их сын вселяются в комнату в коммунальной квартире.
- Мари заявляет Алексею, что он её предал.
- Мари выгоняет Алексея.
- Мари помогает Саше тренироваться, чтобы он мог вернуться в команду.
- Мари и Саша приносят деньги капитану турецкого судна, который обещает вывезти Сашу из Советского Союза.
- Бабушка Саши умирает.
- Мари арестовывают и обвиняют в том, что она помогла Саше бежать.

7.7 Кадры из фильма и задания к ним

1. Соедините реплики с кадрами.

    А) Мы не сомневались, что тебя освободят. Когда папу назначили главврачом, он написал товарищу Сталину, но товарищ Сталин умер и не успел помочь.

    Б) Я не могу сказать там наверху, что ты любишь свою жену, а живёшь с другой женщиной. Это как-то по-французски.

    В) Перед самым отъездом я тщательно проверил его вещи. Вот... –Это письма моей семье. Это не преступление.

    Г) Сейчас позвоним на спортивную базу и пригласим Васильева.

    Д) Произошла какая-то ошибка. Я скоро вернусь.

    Е) Письма раскладывают, чёрт знает как. Мне, как старосте, приходится наводить здесь порядок.

2. Расположите кадры в хронологическом порядке и кратко расскажите, что происходит в каждом кадре.

3. Конкурс вопросов. (Кто задаст больше вопросов к каждому кадру?)

4. Опишите отношения между Мари и Алексеем; между Мари и бабушкой Саши; между Сашей и Габриэль.

5. Расскажите о второстепенных героях фильма (соседях Головиных, бабушке Саши, Габриэль). Дополните описания героев вашими собственными предположениями.

Глава 7 : Восток-Запад   119

7.8   Сцены. Слова. Вопросы.

Слова, которые помогут вам говорить о фильме:

Накануне отъезда в Россию [0:02:44]:

Франция (во Франции)
Эмигрант
Репатриант
Произносить / произнести тост
Господин (pl. господа)
Пить / выпить + за кого/ что?

Вопросы:

1. Когда и где происходит действие в начале фильма?
2. Кто эти люди? Куда они собираются ехать? Зачем?
3. Какой тост произносит Алексей?
4. Почему он пьёт за свою жену?

Корабль приходит в Одессу [0:06:00]:

Плыть / приплыть на корабле
Сходить / сойти с корабля на берег
Солдат
Оружие
Целовать / поцеловать землю
Стрелять / выстрелить + в кого? во что?
Застрелить + кого?

На берегу [0:08:18]:

Обвинять / обвинить + кого? в чём?
Шпион, шпионка
Шпионаж
Рвать / разорвать
Ударить
Бить
Избивать / избить + кого?
Доверять + кому?
Идёт кровь
Губа в крови

Начало жизни в Киеве [0:11:28]:

Коммунальная квартира
Сосед, соседка, соседи по квартире
Правила поведения
Пользоваться + чем?
Фабрика
Работница (Две тысячи работниц)
Арестовать + кого? за что?
Доносить / донести + на кого?
Доносчик, доносчица
Обвинять / обвинить (+ кого?) в шпионаже
Министерство Внутренних Дел (МВД)
Обратно
Государственный строй
Ансамбль песни и пляски = Dance and song company
Гладить костюмы
Раскладывать / разложить письма
Просматривать / просмотреть почту

5. Почему репатриантов встречают вооружённые солдаты?
6. Почему отец Леонида целует землю?
7. Почему Леонид бежит?
8. Что происходит в этот момент?

9. В чём обвиняют Мари?
10. Почему человек в очках рвёт её паспорт?
11. Что он предлагает Алексею?
12. Что человек в очках имеет в виду, когда он говорит Алексею: «Мы вам доверяем»?
13. Согласился ли Алексей делать то, что от него потребовали?
14. В какой город едут Алексей и его семья?

15. Сколько семей живёт в коммунальной квартире, где поселили Алексея и его семью?
16. Каким правилам должны следовать Алексей и Мари?
17. Какую работу получает Алексей?
18. Почему пожилая женщина и её внук Саша говорят по-французски?
19. Почему Сашину бабушку арестовали?
20. Зачем Мари идёт в МВД?
21. Почему Алексей её останавливает?
22. Где Мари находит работу?
23. Что Ольга делает около почтовых ящиков?
24. Как она объясняет своё поведение Алексею?

Смерть Са́шиной ба́бушки [0:28:33]:

Умира́ть / умере́ть
Це́рковь
Отпева́ть / отпе́ть (+ кого́?) в це́ркви
Поми́нки
Инвали́д войны́
Вселя́ться / всели́ться в ко́мнату
Выселя́ть / вы́селить (+ кого́?) из ко́мнаты

25. Что случи́лось с Са́шиной ба́бушкой?
26. Почему́ Са́ша переезжа́ет жить к Мари́ и Алексе́ю?

Мари́ помога́ет Са́ше тренирова́ться [0:32:30]:

Выгоня́ть / вы́гнать (+ кого́?) из кома́нды = отчисля́ть / отчи́слить (+ кого́?) из кома́нды
Тре́нер
Кури́ть
Пить
Пла́вать
Пло́хо; ху́же
Расстреля́ть + кого́?

27. Почему́ Са́шу выгоня́ют из кома́нды?
28. Что случи́лось с Са́шиными роди́телями?
29. Где Са́ша начина́ет тренирова́ться?
30. Почему́ Мари́ ему́ помога́ет?

Спекта́кль францу́зского теа́тра [0:40:19]:

Выступа́ть / вы́ступить с ре́чью
Благодари́ть / поблагодари́ть + кого́? за что?
Гостеприи́мство
(Не)дово́лен/дово́льна
Актри́са
Знамени́тый
Идти́/пойти́ за кули́сы
Францу́зский по́дданный
Передава́ть / переда́ть письмо́ + кому́?
Отдава́ть / отда́ть + что? кому́?
Заслоня́ть / заслони́ть + кого́? чем?
Пря́тать / спря́тать (+ что?) в рука́в

31. Почему́ Алексе́й выступа́ет пе́ред спекта́клем и что он говори́т?
32. Как Мари́ реаги́рует на его́ выступле́ние?
33. Заче́м Мари́ идёт за кули́сы?
34. Что Мари́ пыта́ется объясни́ть?
35. Что ей на э́то отвеча́ет францу́зский диплома́т? Почему́?
36. Почему́ Алексе́й прихо́дит в ко́мнату актри́сы?
37. О чём Алексе́й про́сит актри́су?
38. Что Алексе́й де́лает, когда́ кто́-то из МВД захо́дит в ко́мнату?

Алексей и Ольга [0:47:23]:

Предавать / предать + кого?
Изменяться / измениться
Ради + кого?
Враждебность в глазах
Помогать / помочь + кому?
Помощь
Поддерживать / поддержать + кого?
Поддержка
Переспать + с кем?
Следить + за кем?
Доносить / донести + на кого?
Уходить / уйти от семьи + к кому?
Переезжать / переехать + куда? к кому?

39. В чём Мари обвиняет Алексея?
40. В чём Алексей обвиняет Мари?
41. Что вы знаете и думаете об Ольге?
42. Любит ли Алексей Ольгу?

Сашу зачисляют в команду [0:51:05]:

Принимать / принять (+ кого?) в команду
Отборочные соревнования
Выигрывать / выиграть
Проигрывать / проиграть
Враги народа
Писать / написать + кому?
Письмо (pl. письма)
Спортивная база
Проверять / проверить
Вещи
Находиться под влиянием + кого?

43. Почему тренер разрешает Саше вернуться в команду?
44. Что происходит с Сашей на отборочных соревнованиях?
45. О чём предупреждают тренера?
46. О чём тренер предупреждает Сашу?
47. Почему Саша не поехал в Вену?
48. Где Саша сейчас находится?

Поездка в Одессу [1:18:23]:

Турецкий корабль
Капитан
Брать / взять (+ кого?) на борт (корабля)
Плыть / проплыть
Доплывать / доплыть + до чего?
Нейтральные воды
Допрашивать / допросить + кого?

49. Зачем Мари привозит в Одессу деньги?
50. Куда и зачем идут Мари и Саша?
51. Почему капитан сначала отказывается помочь?
52. Что предлагает делать Саша?
53. Кого встречает Мари, когда она возвращается на работу?
54. Что случилось с Мари после этой встречи?

Арест Мари́ [1:29:05]:

Арестова́ть
Обвиня́ть / обвини́ть + кого́? в чём?
Соблазня́ть / соблазни́ть + кого́?
Разводи́ться / развести́сь + с кем?
Отрека́ться / отре́чься + от кого́?
Подпи́сывать / подписа́ть
Угрожа́ть + кому́? чем?
Перере́зать себе́ ве́ны

55. Почему Мари арестовали?
56. В каком виде её приводят на встречу с Алексеем?
57. Почему Алексей соглашается отречься от Мари?
58. Как Мари узнаёт о том, что Саша жив?
59. Где сейчас Саша? Что он сделал? Почему?

Мари́ возвраща́ется из ла́геря [1:34:53]:

Встреча́ть / встре́тить
Отде́льная кварти́ра
Взро́слый
Депре́ссия
Впада́ть / впасть в депре́ссию
Пла́кать

60. Через сколько лет Мари возвращается из лагеря?
61. Как выглядит Мари?
62. Какое у неё настроение?
63. Как ведут себя Мари, Серёжа и Алексей?

Пое́здка в Болга́рию и побе́г [1:39:27]:

Бежа́ть / убежа́ть
Побе́г
Вя́заные чулки́
Вбега́ть / вбежа́ть
Посо́льство Фра́нции
Посо́л
Болга́рская поли́ция
Иностра́нец, иностра́нка
Обме́нивать / обменя́ть + кого́? на кого́?

64. Как Алексей подготовил побег Мари и Серёжи?
65. Что Мари и Серёжа знали о побеге?
66. Почему Мари и Серёжа бегут к дверям посольства?
67. Что сделали Габриэль и французский посол в Болгарии, чтобы Мари и Серёжа вернулись во Францию?
68. Что случилось с Алексеем после побега Мари?

7.9 Расскажите об эпизоде

Выберите один или два эпизода из фильма (задание 7.8) и подробно расскажите о них, используя лексику эпизодов и подходящие по смыслу союзы: *сначала; после этого; потом; перед тем как; после того как; в то же время; в то время как; пока; когда; в это время; а; но*.

7.10 Реплики из фильма

Кто, кому и когда это говорит?

1. Вы к нам погостить приехали? – Нет, мы приехали жить.
2. В этой квартире живут пять семей. Вы шестая. И в наших общих интересах соблюдать здесь порядок.
3. Твои сказки о Франции нам не нужны. Мы прекрасно знаем, как там эксплуатируют рабочих.
4. В Министерство Внутренних Дел? Вы что, пойти туда хотите? Хорошо, я провожу вас к автобусу.
5. Знаешь, какой у тебя результат? На пять секунд медленнее, чем в прошлом году. Я отчисляю тебя из команды.
6. Что, с женой поссорился? Не пускает домой?
7. А ты сильно изменилась. Образцовая супруга товарища Головина. Я тебя не узнаю.
8. Думаю, ты приехала повидаться с Сашей Васильевым. Вот сейчас позвоним на спортивную базу и пригласим Васильева.
9. Сейчас ты подпишешь заявление, где признаешь её шпионкой и отречёшься от неё.
10. Мы не сомневались, что тебя освободят. Когда папу назначили главврачом, он написал товарищу Сталину, но товарищ Сталин умер и не успел помочь.

7.11 Головоломка

Используя по одному слогу из каждой колонки, найдите здесь слова из списка в 7.8. Начало каждого слова дано в первой колонке.

ОБ	СТУ	ЛЯТЬ
ПО	ПИ	КА
КО	ТРИ	СА
ОТ	СЕ	ЖАТЬ
СО	ВИ	НИТЬ
ВЫ	ГРО	ПАТЬ
ВЫ	МЕ	СТВО
КА	СОЛЬ	НЯТЬ
АК	МАН	ДА
У	ЧИС	ЛИТЬ
ОБ	СЕД	ТАН

7.12 Кроссворд

<u>Слово по вертикали:</u>

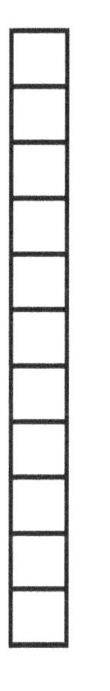

Слова по горизонтали:

- Родителей Саши арестовали как «_____(1)_____ народа» и (слово по вертикали).
- Соседка Ольга _____(2)_____ за семьёй Головиных.
- Бабушку Саши арестовали. На неё _____(3)_____ Ольга.
- После ареста и смерти бабушки Сашу хотели _____(4)_____ из квартиры и отдать его комнату новым жильцам.
- Тренер _____(5)_____ Сашу из команды за то, что тот стал хуже плавать.
- Чтобы защитить свою семью, Алексей произносит речь, в которой он _____(6)_____ Советское правительство за гостеприимство.
- С этого момента Мари начинает думать, что Алексей _____(7)_____ её и сына.
- Все репатрианты, вернувшиеся в Россию вместе с Головиными, либо были расстреляны, либо попали в _____(9)_____.
- Чтобы _____(11)_____ сына, Алексей должен был отказаться от Мари.
- Мари _____(8)_____ из лагеря через 6 лет.
- Чтобы помочь Мари вернуться во Францию, Алексей _____(10)_____ поездку в Болгарию.

7.13 Сцены из фильма

Напишите о сцене, которая...
- а) больше всего вам понравилась;
- б) кажется вам самой смешной;
- в) по вашему мнению, является кульминационной сценой фильма;
- г) кажется вам наименее важной, потому что она ничего не добавляет к развитию сюжета.

Эти слова помогут вам выразить ваше мнение. Расширенный список подобных слов и выражений вы найдёте на странице 163.

В конце концов	Одним словом
В отличие от	По мнению (кого?)
Вместо того, чтобы	По следующим причинам
Во-первых, ... Во-вторых,... В-третьих,...	По сравнению с тем, что
Дело в том, что	Поскольку
Для того, чтобы	После того, как
Если	После этого
Если бы	Потому (,) что
Значит	Поэтому
Из-за того, что...	Прежде всего
К сожалению	При условии, что
Кажется	С одной стороны...., с другой стороны...
Когда	С точки зрения (кого?)
Кроме того, что	Судя по тому, что
Например	Так как
Несмотря на то, что	Таким образом
Но	Тем не менее
Однако	Хотя

7.14 Сценаристы и актёры

Напишите и разыграйте в классе сцену, которой нет в фильме.
Например, соседи сплетничают об Алексее и Мари. В сцене участвуют Саша, Сашина бабушка, Ольга и другие соседи.

7.15 Напишите

1. Почему Алексей ушёл от Мари?
2. Представьте, что взрослый Серёжа вспоминает о своей жизни в Советском Союзе. Напишите его воспоминания.
3. Почему во Франции перед Второй мировой войной было много русских эмигрантов?
4. Во Франции у Алексея Головина была интересная работа и любящая семья. Что заставило его так радикально изменить свою жизнь?

7.16 Перевод

- Прочитайте два разговора между Мари и Алексеем.
- Перепишите их в косвенной речи.
- Переведите на идиоматичный английский.

(*Алексей*) - Идём отсюда.
(*Мари*) - Ты за мной следил? Отпусти.
(*Алексей*) - Иди быстрее.
(*Мари*) - Кто тебе сказал, что я здесь? Оставь меня!
(*Алексей*) - Что ты задумала?
(*Мари*) - Я не могу жить в этом аду.
(*Алексей*) - Проситься обратно – значит осудить их строй. Хочешь, чтобы нас отправили в лагерь, а Серёжу – в детский дом?!
(*Мари*) - Они не имеют право нас держать силой.
(*Алексей*) - Не говори по-французски! На нас смотрят.
(*Мари*) - Ну и пусть! Я хочу во Францию. Здесь мы умрём. Я хочу уехать.
(*Алексей*) - Всё образуется. Нужно потерпеть. А пока надо жить.

[...]

(*Мари*) - Послушай...
(*Алексей*) - Молчи. Возьми меня под руку. Ты никак не хочешь понять, что происходит.
(*Мари*) - Я вижу, что ты переменился.
(*Алексей*) - Я пытаюсь спасти вас.
(*Мари*) - Навеки поселив в тюрьме?! Ты меня предал!
(*Алексей*) - Все, кто приехал с нами, либо расстреляны, либо в лагерях. Ради вас я сделал то, о чём меня просили. И я буду так продолжать. У меня нет выбора. А от тебя мне нет никакой помощи. В твоих глазах всегда только враждебность. От тебя никакой поддержки. Ты даже не спишь со мной. Вчера я переспал с Ольгой. Она смотрит на меня другими глазами.
(*Мари*) - Убирайся отсюда! Уходи сейчас же, Алексей!

7.17 Перевод

- Переведите разговор между Алексеем и директором фабрики на идиоматичный русский. Сравните с разговором в фильме.

(*Aleksej*) - Everything looks normal. But I think you should rest.
(*Nina Fedorovna*) - I don't know how to rest. You and I are alike that way. I like to work hard. Aleksej, I'm going to tell you a secret. I'm leaving the factory for a higher position.
(*Aleksej*) - Congratulations! Unfortunately, we'll miss you here.
(*Nina Fedorovna*) - I'll find you a position as head physician in a hospital better than any you have ever seen in your life, even in France. We'll give you a two-room apartment from the special fund. You will have to move there with... what's her name... Olga. She's in good standing with the authorities [= на хорошем счету + у кого?].
(*Aleksej*) - Have they already told you about me?

(*Nina Fedorovna*) - But of course. Only, to get that apartment, you need to give back your current accommodations.

(*Aleksej*) - I can't do that. My wife and son live there.

(*Nina Fedorovna*) - So get a divorce. And your wife will keep the room. But you have to decide soon.

(*Aleksej*) - Nina Fedorovna, I love my wife.

(*Nina Fedorovna*) - I can't tell them up there that you love your wife and live with another woman. It's very French. Still, it would be better for you if you got divorced.

7.18 Перевод

- Переведите текст на идиоматичный русский, используя союзы и соединительные слова и фразы (см. задание 7.13) и обращая внимание на русские эквиваленты местоимений *who, whose, that, which*.

   The film "East-West" is a love story that takes place during one of the most cruel periods of the twentieth century. A group of Russian émigrés living in France have accepted the Soviet government's invitation to return to the Soviet Union to live after World War II. Marie, the wife of a repatriated doctor, Aleksei, and mother of young Seryozha, is French and speaks little Russian. She has decided to follow her husband and leave everything and everyone she knows for a new life in Soviet Russia.

   The terror begins the moment they set foot on shore in Odessa. One young man is shot on the spot, and the entire group is arrested. Aleksei is forced to work for the Soviet government. He agrees to do this in order to protect Marie, who will be accused at various times throughout the movie of being a foreign spy. Throughout the film, Aleksei will make several more difficult decisions.

   Marie loves Aleksei, but doesn't understand why he won't apply to leave the Soviet Union. Their relationship becomes strained to the point that both look elsewhere for comfort. Marie turns to Sasha, a young swimmer who also wants to leave the Soviet Union for France, and Aleksei moves in with the lady across the hall. One would think that this would signal the end of their relationship, but in an odd way the two continue to love one another, partly because of their love for their son.

   In the end this was a story about love for the homeland as well. Aleksei thought he was returning to the homeland he loved with the woman he loved, but it turned out that France was a kinder stepmother to him than Russia was to Marie.

7.19 Рекламный ролик

- Напишите сценарий и разыграйте рекламный ролик к фильму (5-7 минут). Ваша задача привлечь зрителя в кино.
- Снимите этот ролик на видео и покажите его в классе.

7.20 Симпозиум

- Напишите ответ на вопрос «Почему фильм называется «Восток-Запад»?
- Подготовьтесь к обсуждению в классе.

7.21 Рецензия на фильм

Прочитайте и проанализируйте рецензию:
- Какая история была положена в основу фильма?
- Почему фильм был назван «Восток-Запад»?

Фильмы Режиса Варнье («Французская женщина», «Индокитай») отличает, с одной стороны, серьёзный интерес к истории, а с другой стороны, любовь к романтическим и мелодраматическим сюжетам. Во всех фильмах Варнье судьбы героев сталкиваются в конфликте с судьбами народов и государств. В фильме «Восток-Запад» Варнье интересует человеческая сторона драматичного эпизода из советской истории. По рассказам самого Варнье, сюжет фильма основан на истории француженки Бланш, ставшей прототипом Мари в фильме. Более пятидесяти лет назад Бланш оказалась в Средней Азии. Так же как Мари в фильме Варнье, она приехала в СССР со своим русским мужем. Так же как Мари, она долгие годы была заложницей советского режима.

Откуда, спросите вы, у французского режиссёра такое основательное знание советской истории и менталитета людей, такое точное ощущение атмосферы того времени? Сценарий фильма написала сборная французско-российская команда (Варнье, Бодров-старший, Ибрагимбеков, Гардель). Именно поэтому атмосфера жизни в «стране строящегося социализма» передана в фильме исключительно точно. По словам самого Варнье, российские соавторы безжалостно разрушили его романтические представления о советской жизни в послевоенное время. Российские соавторы вносили такие детали и нюансы в отношения героев, которых люди, живущие на Западе, даже не могли себе представить.

Отвечая на вопрос о том, как выбрали название фильма, Варнье упомянул «железный занавес», который больше половины века разделял две противоположные идеологии, два противоречащих друг другу мировоззрения. Для человека с западным менталитетом Советский Союз был «империей зла», а Запад – цитаделью свободы. История, рассказанная в фильме, разрушает такое обобщённое, клишированное представление о тех, кто остался за «железным занавесом». Авторов фильма интересовало скорее то, как люди выживали, как они приспосабливались к жизни в тоталитарном обществе и как они не принимали эту жизнь.

7.22 Начинающий кинокритик

Напишите свою собственную рецензию на фильм. Вы можете поместить её на следующие сайты <www.ozon.ru>, <www.bolero.ru>

7.23 Песня из фильма

«В степи молдаванской»

Стихи и музыка: Александр Вертинский

Тихо тянутся сонные дроги
И, вздыхая, ползут под откос...
И печально глядит на дороги
У колодца распятый Христос.

Что за ветер в степи молдаванской!
Как поёт под ногами земля!
И легко мне с душою цыганской
Кочевать, никого не любя!

Как все эти картины мне близки,
Сколько вижу знакомых я черт!
И две ласточки, как гимназистки,
Провожают меня на концерт.

(Что за ветер...)

Звону дальнему тихо я внемлю
У Днестра на зелёном лугу.
И Российскую милую землю
Узнаю я на том берегу.

А когда засыпают берёзы
И поля затихают ко сну,
О, как сладко, как больно сквозь слёзы
Хоть взглянуть на родную страну!..

(1925)

КИНОСЛОВАРЬ

Кино́, кинотеа́тр	Movies, movie theater
-Идти́ / пойти́ – ходи́ть в кино́ (Пойдём в кино́!)	-To go to the movies
-Что идёт в кино́?	-What's showing at the movies?
Смотре́ть / посмотре́ть фильм	To watch / see a film
Снима́ть / снять фильм	To make / shoot a film
-Фильм был снят в 1936-м году́	-The film was made in 1936
Сцена́рий	Script
-Писа́ть / написа́ть сцена́рий фи́льма	-To write a script
Получа́ть / получи́ть пре́мию	To receive a prize / an award
Удоста́ивать / удосто́ить пре́мии	To give a prize
-Фильм был удосто́ен пре́мии	-The film was given a prize
Премье́ра фи́льма	Film premiere
Реце́нзия на фильм	Review
-Писа́ть / написа́ть реце́нзию	-To write a review
Роль	Part / role
-Игра́ть / сыгра́ть роль (+ кого́?)	-To play a part (of)
-Гла́вная роль (в гла́вной ро́ли / в гла́вных роля́х)	-Leading role(s)
Дубли́ровать	To dub
Субти́тры	Subtitles
Де́йствие происхо́дит …	The action takes place
Геро́й, герои́ня, геро́и фи́льма	Character(s)
Актёр, актри́са, актёры (изве́стные, малоизве́стные)	Actor, actress, actors (famous, little-known)
Звезда́ экра́на	(Movie) star
Режиссёр (популя́рный, малоизве́стный)	Director (famous, little-known)
Сценари́ст	Script writer
Опера́тор	Cameraman
Дире́ктор	Director of production
Продю́сер	Producer
Худо́жник	Art director
Звукоопера́тор	Sound director
Худо́жественный фильм	Feature film
Короткометра́жный фильм	Short film

Документа́льный фильм	Documentary
Нау́чно-популя́рный фильм	Educational
Мультфи́льм (*colloq.* му́льтик)	Animated film
Фильм поста́влен по (рома́ну, расска́зу, пье́се)	The film is based on (a novel, short story, play)
Экраниза́ция (рома́на, расска́за, пье́сы)	A film version (of a novel, short story, play)
Экранизи́ровать (рома́н, расска́з, пье́су)	To make a film version (of a novel, short story, play)
Фильм-ска́зка	Fairy tale
Остросюже́тный фильм	Action film
Приключе́нческий фильм	Adventure film
Детекти́в	Detective mystery ("Whodunit?")
Фильм у́жасов	Horror movie
Истори́ческая дра́ма	Historical drama
Паро́дия (+ на что?)	Parody
Сати́ра	Satire
Фильм высме́ивает ...	The film pokes fun at ...

Рассказывая о фильме, не забудьте упомянуть ...

- В како́м жа́нре снят фильм?
- Это америка́нский / ру́сский / францу́зский / и т.д. фильм?
- Кто режиссёр фи́льма? Каки́е ещё фи́льмы он / она́ снял/а́?
- Кто в гла́вной ро́ли / в гла́вных роля́х?
- Где и когда́ происхо́дит де́йствие в фи́льме?
- С чего́ начина́ется фильм?
- Как развива́ются собы́тия в фи́льме?
- Чем фильм зака́нчивается?
- Понра́вился ли вам сцена́рий фи́льма?
- Что в фи́льме вам бо́льше всего́ понра́вилось и запо́мнилось?
- Кому́ вы рекоменду́ете посмотре́ть э́тот фильм?

Russian-English Vocabulary

Або́рт	abortion	Бесцеремо́нно	unceremoniously
А́втор	author	Биле́т	ticket
А́дресное бюро́	address bureau	Бино́кль	binoculars
Альбо́м с фотогра́фиями	photo album	Бить I / поби́ть I + кого́? чем? за что?	to beat someone up
Арестова́ть I + кого́? за что?	to arrest	Благодари́ть II / поблагодари́ть II + кого́?	to thank
Аристократи́ческий род	aristocratic family	Благоро́дство	nobleness; generosity
Арти́ст, арти́стка	actor, actress	Близнецы́	twins
Архите́ктор	architect	Боб	bean
А́хать I / а́хнуть I	to gasp; to exclaim 'Ah!'	Бога́тый	rich
		Бо́дрый	energetic
База́р	market	Бой часо́в	striking of a clock
Балко́н	balcony	Боле́ть I / заболе́ть I	to become sick; to fall ill
Ба́нка	can; jar		
Ба́ня	bath house	Бомби́ть II / разбомби́ть II	to bomb
Бара́к	wooden barrack		
Ба́тюшка	priest	Боре́ц (pl. борцы́)	fighter(s)
Бе́гать I (multidirectional)	to run	Боро́ться I + за кого́/что? с кем/чем?	to fight; to struggle
Бе́дный	poor	Борт корабля́	на борту́ корабля́, aboard a ship
Бежа́ть / сбежа́ть (irregular, unidirectional) + от кого́/чего́? куда́?	to run / to run away from	Бочо́нок вина́	a small barrel of wine
		Боя́ться II + кого́/чего́? за кого́?	to be afraid of / for
Бе́женец, бе́женка (pl. бе́женцы)	refugee(s)	Браву́рная му́зыка	bravura (music.); stirring, energetic music
Безала́берный	careless		
Безбо́жный	godless	Брак	marriage; заключи́ть брак (+ с кем?) to marry someone
Безвку́сица	bad taste; vulgarity		
Безда́рный безда́рность	dull; mediocre; lack of talent	Брать I / взять I	to take; взять (+кого́?) за́ руку to take someone by the hand; взять (+ кого́?) в плен to take someone prisoner; взять тру́бку to pick up the phone; взять сло́во (+ с кого́?) to take one's word for smth.
Безли́кий	faceless, featureless		
Безу́мство	madness		
Бе́лка	squirrel		
Бе́лый	white; бе́лая горя́чка delirium tremens (med.)		
Бе́рег	shore; coast; на берегу́ on the shore/coast		
Бере́менная	pregnant		
Беспоко́иться II + о ком/о чём?	to worry	Бри́ться I / побри́ться I + чем?	to shave
Бесхара́ктерный	weak; spineless	Бродя́га	tramp; vagabond; drifter

Броня, бронь (colloq.)	official exemption or permission	Взрослый	adult; grown up
Бросать I / бросить II + кого/что?	to throw; to quit; to abandon	Взрыв	explosion
		Взятка	bribe
Бросаться I / броситься II + на кого/что? под что?	to throw oneself onto / under smth.; броситься под поезд to throw oneself under the train	Видеть II / увидеть II	to see
		Вилка	fork
		Винный погреб	wine cellar
		Виноват/а + перед кем/чем?	guilty
Будильник	alarm clock	Винтовка	rifle
Будить II / разбудить II + кого?	to wake someone up	Висеть II	to hang; to be suspended
		Витрина	shop window
Букет цветов	bouquet of flowers	Вкладывать I / вложить II + что? во что?	to put smth. into; вкладывать деньги to invest money
Бумажный	made of paper		
Бунтовать I	to revolt; to rebel		
Бурный	stormy; loud	Включать I / включить II	to turn on
Бутылка шампанского	bottle of champagne		
Бухгалтер	accountant	Вкус	taste; Не в моём вкусе not to my taste
Бывать I + где? у кого?	to go; to visit		
В конце концов	in the end; after all	Влезать I / влезть I	to climb in
В отличие от	in contrast to	Влюбляться I / влюбиться II + в кого?	to fall in love with
Вагон	(train) car		
Важный	important		
Валяться I + где?	to lie about; to be scattered over the place	Влияние находиться под влиянием + кого?	to be under someone's influence
Вежливый	polite	Вместе	together
Веник	birch twigs (used in Russian baths)	Вместо того, чтобы	instead of
		Вмешиваться I / вмешаться I + во что?	to interfere
Вербовать I / завербовать I + кого?	to recruit; to enlist		
Верить II / поверить II + в кого/во что? кому/чему?	to believe (in)	Внешне	outwardly
		Внук	grandson
		Внучка	granddaughter
Верность	loyalty; fidelity	Вовремя	at the right moment; in time
Верхний	top; upper		
Весёлый	lively; cheerful; веселье merry time	Вода	water
		Водить (II, multidirectional) вести (I, unidirectional, impf.)	to lead; to take around
Вести (I, unidirectional) / повести (I, unidirectional) + кого? куда?	to lead		
		Водить (II, multi-directional, impf.),	to drive; водить машину to drive a car
Вести I / повести (I) себя + как?	to behave oneself a certain way	Воевать I + где? с кем?	to fight in a war; to be at war (with)
Вестибулярный аппарат	vestibular system (sense of balance)	Военный	military
		Возвращаться I / вернуться I + (от)куда?	to come back (to; from)
Вешать I / повесить II	to hang		
Вещь (f.)	thing; object		
Взгляд	glance; look	Воздух	air

Возду́шная трево́га	air-raid alert/siren	Вселя́ться I / всели́ться II	to move into (a house/apartment)
Вози́ться II + с кем/чем?	to be busy with; to fiddle about	Вска́кивать I / вскочи́ть II	to leap up (into, on to; from)
Возмуща́ться I / возмути́ться II + чем?	to be outraged; to be indignant; возмуще́ние indignation	Вспомина́ть I / вспо́мнить II + кого/что? о ком/чём?	to remember; to recall
Война́, на войне́	war; in a war	Встава́ть I / встать I	to get up; to stand up; встать на коле́ни + пе́ред кем? to kneel down in front of someone
Во́йско (pl. войска́)	army (pl. troops)		
Вокза́л	train station		
Волево́й	resolute; determined		
Волнова́ться I + о ком/чём?	to be upset; to worry		
Волше́бник, волше́бница	magician; wizard	Встреча́ть I / встре́тить II + что? где? у кого? с кем?	to celebrate (holiday)
Во-пе́рвых, ... Во-вторы́х,... В-тре́тьих,...	first(ly)... second(ly)... third(ly)...	Встреча́ть I / встре́тить II + кого?	to meet
Вор	thief	Встреча́ться I / встре́титься II + с кем?	to date; to meet with
Ворова́ть I / сворова́ть I	to steal		
Воротни́к	collar	Вта́лкивать I / втолкну́ть I	to push in; to shove in
Воск	wax		
Воспи́тывать I / воспита́ть I + кого?	to raise someone; воспи́танный well-brought up; with good manners	Вта́скивать I / втащи́ть II	to pull (in, into, up); to drag (in, into, up)
		Входи́ть II / войти́ I	to come in
Восто́рг	delight; быть в восто́рге + от кого/чего? to be delighted	Выбега́ть I / вы́бежать II	to run out; come running out
		Выбира́ть I / вы́брать I	to choose
Восхища́ть I / восхити́ть II + кого? чем?	to charm; to enrapture	Выбра́сывать I / вы́бросить II	to throw out
		Вы́вих (ноги́)	dislocation (of one's ankle or knee)
Впада́ть I / впасть I	to sink into; to lapse into; впасть в депре́ссию to sink into depression	Выводи́ть II / вы́вести I	to bring out; to remove; вы́вести из терпе́ния to exhaust someone's patience
Впечатли́тельный	impressionable		
Впуска́ть I / впусти́ть II	to let in	Вы́глядеть II	to look; to appear
		Вы́годный	profitable; вы́годно + кому? to someone's advantage
Враг	enemy; «враги́ наро́да» "enemies of the people"		
		Выгоня́ть I / вы́гнать II + кого? отку́да?	to kick smb. out; to expel
Вражде́бность	hostility		
Врач	doctor	Выдава́ть I / вы́дать (irregular) + кого? + за кого?	to pass someone off for someone else
Вре́дно	harmful		
Вре́мя	time; вре́мя го́да season		
Врыва́ться I / ворва́ться I + куда?	to burst into	Выдава́ть I / вы́дать I (irregular) (+ кого?) за́муж	to give someone in marriage (to)

Выдавать I / выдать (irregular) секрет	to give away a secret
Выдерживать I / выдержать II	to endure
Вызывать I / вызвать I	to call; to send for
Выигрывать I / выиграть I	to win
Выкидывать I / выкинуть I	to throw out
Выкупать I / выкупить II + что? у кого?	to buy out
Вылезать I / вылезти I + откуда? куда?	to crawl out; to climb out; to get out
Вылетать I / вылететь II	to leave by plane
Вынимать I / вынуть I	to take smth. out; вынуть почту (из почтового ящика) to take the mail out of the mail-box
Выпрашивать I / выпросить II + что? у кого?	to solicit / to elicit (by begging)
Выпрыгивать I / выпрыгнуть I	to jump out of smth.
Выпускать I / выпустить II + кого? (от)куда?	to let out; to release
Вырастать I / вырасти I	to grow; to grow up
Выручать I / выручить II + кого?	to help someone out
Вырывать I / вырвать I + что?	to pull out; to wrench out; вырвать (+ что?) из рук (+ кого?) to snatch smth. out of someone's hands; вырвать ёлку с корнями to pull a Christmas tree with its roots
Высаживать I / высадить II	to drop someone off; to let someone out
Выселять I / выселить II	to evict; выселить (+ кого?) из квартиры to evict someone from the apartment
Высматривать I / высмотреть II	to spot; to detect
Высокий (выше)	high (higher)
Высотный дом	a high-rise building
Высочайшая особа	(superlative of высокий) the most-honored persona
Выспрашивать I / выспросить II + что? у кого?	to inquire of; to interrogate
Выставка	show; exhibition
Выстрел	shot; выстрел из пушки cannon shot
Выступать I / выступить II	to perform; выступить с речью to make a speech; выступление performance
Вытирать I / вытереть I	to dry; to wipe; вытереть пыль to dust
Выход	exit; way out; у нас нет другого выхода we have no alternative
Выходить II / выйти I	to leave; to go out; to step out; выйти замуж + за кого? to marry someone (about a woman)
Выяснять I / выяснить II	to clear up; to elucidate; to find out; выяснить отношения + с кем? to settle relations with someone; to have an argument or a fight (colloq.)
Вязаные чулки	knitted stockings
Газета	newspaper
Гасить II / погасить II	to put out; to turn off; погасить свет to turn the light off
Гастроли	tour (of actor or musician)
Гастроном	grocery store
Герольд	herald; announcer; messenger
Гибнуть I / погибнуть I	to perish
Главный	main; major
Гладить II	to iron; гладить одежду to iron clothes
Глупый	stupid; dumb

Гнать II	to chase; to drive someone away; гнаться + за кем/чем? to chase; to pursue; to strive (for)	Громко (громче)	loud (louder)
		Грош	penny; работать за гроши to work for pennies
Говорить II / сказать I	to say; to tell; поговорить по душам to have a heart-to-heart talk	Грузить II / погрузить II	to load; грузовик a truck
		Грязный	dirty
		Губа	lip
		Гудок	siren (ship, boat)
Голова	head; (У меня) голова закружилась I feel dizzy	Гулять I + с кем?	to go for a stroll; to date smb. (vernac.)
		Густой	thick; heavy
Голодать I	to starve; голодный hungry	Давать I / дать I + что? кому?	to give
		Давний знакомый	an old acquaintance
Голос	voice	Дар речи	ability to speak; потерять дар речи to lose one's ability to speak
Гора (pl. горы)	mountain(s)		
Гордиться II + кем? чем?	to be proud		
Горничная	maid	Дарить II / подарить II + что? кому?	to give as a gift; дар gift
Город-курорт	resort town		
Горячиться II / погорячиться II	to become too excited or angry	Дача	country house, summer house; ехать/поехать на дачу to go to the country
Господин (pl. господа)	gentleman; Mr. (as form of address)		
		Дверь (f.)	door
Гостеприимство	hospitality	Двойка	"D" (grade)
Гость (pl. гости)	guest; приходить / прийти в гости to come as a guest; (быть) в гостях +у кого? to be a guest in someone's house	Двор, во дворе	(back)yard; in the (back)yard
		Девушка	a girl; a young woman
		Дед (pl. деды)	grandfather(s)
		Дед Мороз	Santa Claus (literally, "Father Frost")
Государство	state; государственный строй state system	Дежурить II	to be on duty
		Действительно	really; genuinely
Готов	ready; prepared	Действовать I	to act; to work; to function
Готовить II / приготовить II	to prepare; to cook		
		Делать I / сделать I	to do; to make; делать предложение + кому? to propose; делать больно + кому? to hurt someone; делать вид to pretend; делать замечания to tell someone off
Готовиться II / подготовиться II + к чему?	to get ready for smth.; готовиться к приходу (+кого?) to get ready for someone's arrival; готовиться стать матерью to get ready to become a mother		
Грабить II / ограбить II	to rob; to plunder	Дело в том, что	The thing is...
Грандиозный	tremendous; colossal		
Гриб	mushroom		

Делово́й	related to business; practical; business-like; делово́е соглаше́ние + с кем? business agreement	Довози́ть II / довезти́ I	to drive someone to / as far as
		Дово́лен + кем/чем?	satisfied; content
		Догова́риваться I / договори́ться II + с кем? о чём?	to agree on smth.
День рожде́ния	birthday; С днём рожде́ния! Happy birthday!	Догоня́ть I / догна́ть II	to catch up with
		Дожида́ться I / дожда́ться I	to be waiting for; to await
Де́ньги	money	Дока́зывать I / доказа́ть I + что? кому?	to prove
Депре́ссия	depression; впада́ть / впасть в депре́ссию to get depressed	Докла́дывать I / доложи́ть II + что? кому?	to report
Дёргать I / дёрнуть I + за что?	to pull; to tug; to pull out; дёрнуть за верёвку to pull by a rope	Долг	debt
		Доноси́ть II / донести́ I + на кого?	to report; to inform; to denounce smb.; доно́счик, доно́счица informer
Дере́вня	village; (gen. pl. дереве́нь)		
Держа́ть II / продержа́ть II + кого/что? где?	to keep (someone/ smth. somewhere) / to keep for a certain period of time	Доплыва́ть I / доплы́ть I + до чего?	to swim up to / as far as
		Допра́шивать I / допроси́ть II + кого?	to interrogate
Дета́ль (f.)	detail; в дета́лях; дета́льно in details	Допуска́ть I / допусти́ть II	to admit; to allow smth. to happen
Де́тский дом	orphanage; де́тский сад day care	Доро́га	road; route
		До́рого	expensive
Дешёвый	cheap; дешёвка bargain	Достава́ть I / доста́ть I	to obtain; to get
Дичи́ться II + кого?	to be shy of smb.	Доставля́ть I / доста́вить II + что/кого? куда?	to deliver; доста́вить (+ что?) по а́дресу (+ кому?) to deliver smth. to smb.'s address
Дли́нный	long		
Для того́, чтобы	in order to		
Добива́ться I / доби́ться I + чего?	to strive to get smth.; to succeed; доби́ться разреше́ния + на что? to get a permission		
		Досто́ен + кого/чего?	to be worthy of; to deserve
		Дочь (f.)	daughter
Доброво́лец	volunteer	Драгоце́нности	jewels; precious objects
До́брый	kind	Дразни́ть II	to tease
Добыва́ть I / добы́ть I	to obtain; to gain; to earn; добы́тчик, добы́тчица (in a family) a person who earns the money; a breadwinner	Дра́ка	street fight
		Дра́ться I / подра́ться I + с кем?	to fight with
		Дрессирова́ть I	to train animals; дрессиро́вщик, дрессиро́вщица animal trainer
Доверя́ть I / дове́рить II + кого/что? кому?	to trust; to entrust		
Доводи́ть II / довести́ I + кого? до чего?	to bring / take someone to / as far as; довести́ (+ кого?) до отча́яния to drive smb. to despair	Дружи́ть II + с кем?	to be friends with someone; дру́жба friendship
		Духи́	perfume

Душ	shower; приня́ть душ to take a shower	Жить I	to live; жить за чужо́й спино́й to hide behind someone's protection; жизнь life; жив alive
Душа́	soul		
Дыра́	hole		
Дыша́ть II	to breath		
Дя́дя	uncle	Жре́бий	lot; fate; броса́ть / бро́сить жре́бий to cast lots
Еда́	food		
Е́здить (II, multidirectional)	to go by vehicle; to travel to	Жура́вль (pl. журавли́)	crane(s)
Ёлка	Christmas tree		
Е́сли	if; whether	ЗАГС (отде́л за́писи а́ктов гражда́нского состоя́ния)	registry office
Есть / съесть (irregular)	to eat		
Е́хать (I, unidirectional)	to go by vehicle; е́хать по у́лице to drive along the street	Забива́ть (I) го́лову + кому́? чем?	to fill someone's head with some usually useless information (colloq.)
Жале́ть I / пожале́ть I + кого́/что? о чём?	to feel sorry for; to regret		
Жа́ловаться I / пожа́ловаться I + кому́? на кого́/что?	to complain to someone about someone / smth.	Забира́ть I / забра́ть I + кого́ / что? у кого́?	to take away; забра́ть (+ кого́?) в а́рмию to draft someone into the army
Ждать I / подожда́ть I + кого́/что?	to wait for		
Жела́ть I / пожела́ть I + чего́? кому́?	to wish; to desire	Забира́ться I / забра́ться I + куда́?	to get into; to climb in; to climb on
Жена́	wife	Заблуди́ться II	to lose one's way
Жена́т	married (about a man; жена́ты – about a couple; за́мужем – about a woman)	Заболева́ть I / заболе́ть I + чем?	to become sick; to fall ill
		Забо́титься II + о ком / чём?	to take care of; забо́та worry; concern for
Жени́ться II / пожени́ться II	to get married (about a couple); жени́ться (impf. and pf.) (+ на ком?) to marry someone (about a man); выходи́ть / вы́йти за́муж to get married (about a woman)	Забыва́ть I / забы́ть I + кого́/что? о ком/чём?	to forget; to leave behind
		Зава́ливать I / завали́ть II + кого́? что?	to fail someone at an exam; завали́ть (or провали́ть) экза́мен to fail an exam
		Зави́довать I / позави́довать I + кому́?	to envy
Жени́х	fiance; groom		
Же́нщина	woman; же́нский female	Заво́д	factory; plant
		Заводи́ть II / завести́ I	to wind up; to start; завести́ часы́ to start the clock
Же́ртвовать I / поже́ртвовать I + чем? для / ра́ди кого́?	to sacrifice; to donate		
		Завора́чивать I / заверну́ть I + кого́/что? во что?	to wrap (up)
Жест	gesture		
Жесто́кий	cruel	За́втракать I / поза́втракать I	to eat breakfast
Живо́тное	animal		
Жи́тель (m.)	resident; dweller	Заглуша́ть I / заглуши́ть II	to muffle (sound); to jam (radio)

Загля́дываться I / загляде́ться II + на кого/что?	to stare at; to be unable to take one's eyes off
За́говор	plot; conspiracy; загово́рщик, загово́рщица conspirator
Заграни́ца	foreign countries; abroad; заграни́чный foreign
Зада́ние	task; assignment
Заде́рживаться I / задержа́ться II	to stay too long
Заду́мываться I / заду́маться I	to ponder over; to brood over
Заезжа́ть I / зае́хать I + за кем/чем?	to pick someone up (by vehicle)
Зажига́ть I / заже́чь I	to light (up) (свет - light; све́чи - candles)
Зака́лывать I / заколо́ть I + кого? чем?	to stab
Зака́нчивать I / зако́нчить II	to finish
Заключа́ть I / заключи́ть II	to conclude; заключи́ть соглаше́ние to sign an agreement; заключи́ть брак to get married
Заключённый	prisoner; convict
Закрыва́ть I / закры́ть I	to close; to cover; to lock up
Залеза́ть I / зале́зть I + на/под/во что?	to climb (on/under/ into smth.)
Замерза́ть I / замёрзнуть I	to freeze
Замеча́ть I / заме́тить II	to notice; to remark
За́мужем	married (about a woman); жена́т married (about a man; жена́ты – about a couple)
Занаве́ски	curtains
Занима́ть I / заня́ть I + что? у кого?	to borrow; занима́ть де́ньги + на что? to borrow money for smth.
Занима́ть I / заня́ть I + кого? чем?	to keep someone occupied
Занима́ться I	to study (to do homework)
За́нят/а + чем?	busy; occupied (with)
Запира́ть I / запере́ть I + кого/что? где?	to lock up
Запи́ска	note
Запи́сывать I / записа́ть I	to take a note; to write smth. down
Запи́сывать(ся) I / записа́ть(ся) I + на что	to enroll; to register
Запреща́ть I / запрети́ть II + что? кому?	to forbid
Заре́зать I	to cut someone's throat; to stab someone to death
Зарпла́та	wages; salary
Заса́да	ambush
Заседа́ние	meeting; session; conference; заседа́ние ка́федры department meeting
Заслоня́ть I / заслони́ть II + кого? чем?	to shield; to protect
Заставля́ть I / заста́вить II + кого?	to force someone to do smth.
Засте́нчивый	shy; timid
Застрели́ть II + кого?	to shoot someone; to kill someone by gunshot
Засыпа́ть I / засну́ть I	to fall asleep
Засыпа́ть I / засы́пать I	to fill in; to fill up; засы́пать песко́м to fill up with sand
Затева́ть I / зате́ять I	to start; to undertake; зате́ять ссо́ру + с кем? to start an argument / fight with someone
Затемне́ние	dark material for concealing windows during air raids
Затыка́ть I / заткну́ть I + что? чем?	to plug; to stop up
Заходи́ть II / зайти́ I + куда? к кому?	to stop by; to drop by
Зачи́слить II	to take smb. on (the team, the staff)
Защища́ть I / защити́ть II + кого? от кого?	to defend; to protect

Звать I / позва́ть I + кого?	to call; to summon	Изда́тельство	publishing house
Звезда́ кино́	movie star	Издева́ться I + над кем?	to treat someone with contempt; to mock
Звони́ть II / позвони́ть II + кому? куда?	to call (on the phone по телефо́ну); позвони́ть в дверь to ring the door bell	Из-за того́, что...	because (+ verb)
		Изменя́ть I / измени́ть II	to change; измени́ть фами́лию to change one's last name; измени́ть жене́ / му́жу (+ с кем?) to cheat on one's spouse
Здоро́вье	health		
Земля́	earth; ground; упа́сть на зе́млю to fall on the ground		
		Изменя́ться I / измени́ться II	to change
Земно́й шар	globe		
Зе́ркало	mirror	Изнаси́лование	rape
Зима́	winter	Изобрета́ть I / изобрести́ I	to invent; изобрета́тель inventor
Знак	sign; mark; token; знак внима́ния token of attention		
		Изоли́ровать I + кого? от кого?	to isolate
Знако́миться II / познако́миться II + с кем?	to meet; to get acquainted; знако́мый acquaintance	Иллюмина́тор	window (on a ship/boat)
		Име́ние	estate
		Имени́нник, имени́нница	person celebrating his/her name-day
Знамени́тый	famous		
Зна́чит	so; that means	Иностра́нец, иностра́нка	foreigner
Зола́	ashes		
Золоты́е при́иски	gold mines	Интересова́ться I / заинтересова́ться I + чем?	to be interested (in)
Золоты́е ру́ки	golden touch (fig.)		
Зри́тель (pl. зри́тели)	spectators; viewers	Иска́ть I / поиска́ть I	to look for, search for; иска́тель приключе́ний adventurous person
Зубно́й врач	dentist		
Зять	son-in-law; brother-in-law		
Игла́, иго́лка	needle; иго́лка с ни́ткой needle and thread	Испуга́ться I	to get scared
		Истека́ть I / исте́чь I	to expire; to elapse (time); истека́ть кро́вью to bleed profusely
Игра́ть I / поигра́ть I + с чем? на чём? во что?	to play; игра́ть на пиани́но to play the piano		
		Исчеза́ть I / исче́знуть I (past tense исче́з, исче́зла)	to disappear
Игру́шка	toy		
Идти́ (I, unidirectional, impf.) / пойти́ (I, unidirectional, pf.)	to go on foot, to walk; идти́ пешко́м to walk; идти́ в ра́зные сто́роны to walk in different directions		
		К сожале́нию	unfortunately
		Каба́к, кабачо́к	tavern
		Кадр	frame; за ка́дром off screen
Изба́ (pl. и́збы)	log house in a Russian village	Ка́жется + кому?	It seems
		Казни́ть II	to execute; to put to death
Избива́ть I / изби́ть I + кого?	to beat someone up		
		Кале́чить II / покале́чить II + кого/что? + кому? что?	to cripple someone; to disable; to ruin; покале́чить жизнь (+ кому?) to ruin smb.'s life
Изве́стный	famous; изве́стно it is known		
Извиня́ться I / извини́ться II + перед кем? за что?	to apologize		

Ка́мень	stone
Кандида́т нау́к	Candidate of Science (a degree)
Каре́та	coach
Карма́нные часы́	pocket watch
Карто́фель, карто́шка	potatoes
Ка́сса	cash register; касси́р cashier
Кача́ться (I) на каче́лях	to swing (on the swings)
Каю́та	cabin (on a ship/boat)
Кварти́ра	apartment
Ки́лька	sprat (fish)
Кирпи́ч	brick
Кла́дбище	cemetery
Кла́няться I / поклони́ться II + кому?	to bow to; to greet
Класть I / положи́ть II	to put; to place
Кле́ить II / накле́ить II	to glue; накле́ить обо́и to put wallpaper up on the walls
Кле́тка	cage
Ключ	key
Кля́сться I / покля́сться I + в чём? кем/чем?	to swear; to vow
Князь	prince
Кова́рный	treacherous; insidious; crafty
Когда́	when
Ко́жа	skin; leather; ко́жаный пиджа́к leather jacket
Коке́тничать I + с кем?	to flirt
Колеба́ться I	to hesitate; to fluctuate; колеба́ния hesitations
Коло́дец	(water) well
Ко́локол	bell
Колыбе́льная	lullaby
Кома́нда	team
Командиро́вка	business trip
Комедиа́нт	comic actor; hypocrite
Коменда́нт	commandant; town major; комендату́ра commandant's office
Комиссова́ть I + кого?	to discharge (from military service)
Коммерса́нт	merchant; business man
Коммуна́льная кварти́ра	communal apartment
Ко́мната	room
Коне́ц	end; в конце́ at the end
Конкуре́нт	competitor; rival
Констру́ктор-люби́тель	amateur designer
Конту́женный	confused; shell-shocked
Конь (m.)	horse
Копа́ть I	to dig
Копи́ть II / накопи́ть II	to save up; to accumulate; накопи́ть де́ньги (+ на что?) to save money for smth.
Кора́бль (m.)	ship
Корзи́на	basket
Корми́ть II / накорми́ть II + кого? чем?	to feed
Коро́бка	box
Коро́ль (m.)	king; короле́вство kingdom
Коро́ткий	short
Космети́ческая ма́ска	beauty mask
Ко́смос	space
Кра́йние обстоя́тельства	exigent circumstances
Кран	tap; faucet; кран с горя́чей / холо́дной водо́й hot / cold water faucet
Красть I / укра́сть I + что? у кого?	to steal
Крести́ть II / окрести́ть II	to baptize
Крёстная	godmother
Кривля́ться I	to behave in an affected manner
Крича́ть II / закрича́ть II	to shout; to scream
Кровь (f.)	blood; идёт кровь it's bleeding; в крови́ bleeding
Кро́ме того́, что	besides (+ verb)
Круг	circle
Кружевно́й	lace; lace-like
Кружи́ться II	to whirl; to spin around

Крути́ть II / скрути́ть II	to turn; to twist; скрути́ть ру́ки (+ кому́?) to twist someone's arms	Ли́чный	personal; private
		Лиша́ть I / лиши́ть II + кого́? кого́/чего́?	to deprive
Кры́са	rat	Ли́шний	superfluous; extra; more than necessary
Кули́сы	wings (theater); за кули́сами backstage	Лови́ть II / пойма́ть I	to catch
		Ло́дка	boat
Купа́льник	women's swimming suit	Ложи́ться II / лечь I	to lie down; ложи́ться спать to go to bed
Купе́	compartment (train)		
Ку́пол ци́рка	circus dome	Ло́зунг	motto; slogan
Кури́ть II	to smoke	Лома́ть I / слома́ть, полома́ть I	to break; говори́ть на ло́маном ру́сском to speak broken Russian
Куро́рт	resort		
Ку́ртка	jacket		
Ку́хня	kitchen		
Ку́чер	coachman	Лома́ться I (impf. only)	to pose; to put on airs; лома́ка poseur
Ла́вочник	shop-keeper; retailer (obsolete)		
		Ло́шадь (f.)	horse
Ла́герь (m.)	camp; labor camp	Лук	onions
Ла́дить II / пола́дить II + с кем?	to get along with someone	Люби́ть II / полюби́ть II + кого́/что?	to love / to fall in love with
Ла́зить (II, multi-directional, impf.)	to climb; to get into	Любова́ться I + кем/чем? на что?	to look at someone/ smth. with admiration
Ла́ять I / зала́ять I	to bark / start barking		
Лгать I / солга́ть I	to tell lies	Любо́вница	lover; mistress
Лев (pl. львы)	lion(s)	Магнитофо́н	tape recorder
Легкомы́сленный	frivolous; carefree	Ма́зать I / пома́зать I + что? чем?	to smear with; to grease; пома́зать ра́ну йо́дом to put iodine on the wound
Лёд	ice		
Лежа́ть II / полежа́ть II	to lie down		
Лезть (I, uni-directional, impf.)	to climb; to climb into; to get into		
Лека́рство	medicine; drug; лека́рство для се́рдца heart medicine	Мал/а́ + кому́?	small; tight
		Ма́ссовая пе́сня	popular song
		Ма́стер на заво́де	foreman / supervisor at the factory / plant
Лес	forest; woods; лесни́чий forest ranger	Матро́с	sailor
		Ма́чеха	stepmother
		Маши́на вре́мени	time machine
Ле́стница	stairs; staircase; ladder	Машини́стка в изда́тельстве	typist in a publishing house
Лета́ть (I, multi-directional, impf.)	to fly		
		Ме́бель (f.)	furniture
Лете́ть (II, uni-directional, impf.) / полете́ть (II, uni-directional, pf.) + куда́?	to fly; лете́ть на самолёте to travel by plane	Медве́дь (m.)	bear
		Ме́дленный	slow
		Медсестра́ (pl. медсёстры)	nurse
		Ме́лкий	small; shallow; порва́ть на ме́лкие кусо́чки to tear smth. into small pieces
Лётчик-космона́вт	space-pilot		
Лечи́ть II / вы́лечить II + кого́? чем?	to treat / to cure		
Лить I / поли́ть I	to pour		

Мелочи́ться II	to be petty (about a person); Не мелочи́сь! Don't be petty!	Мстить II / отомсти́ть II + кому́? чем? за что?	to get back at someone for smth.; to make someone pay for smth.
Мелька́ть I / мелькну́ть I	to show up fast; to flash; мелька́ть (+ у кого?) пе́ред глаза́ми always be in front of someone / right under someone's nose	Муж	husband
		Мужска́я обя́занность	man's responsibility
		Мужчи́на	man
		Музе́й	museum
		Мультфи́льм	cartoon
		Му́чить(ся) I	to torment (oneself); to suffer; муче́ние torment; suffering
Меня́ть I / обменя́ть I + кого́? на кого́?	to exchange		
		Мысль (f.)	thought
Меня́ть I / поменя́ть I	to change	Мыть I / помы́ть I	to wash; мыть ру́ки to wash one's hands; мыть посу́ду to do dishes
Мёрзнуть I / замёрзнуть I	to freeze		
Ме́рить II / приме́рить II	to try on (a dress пла́тье; a suit костю́м)		
		Мышь (f.) (pl. мы́ши)	mouse, mice
		На́бережная	embankment
Мёртвый	dead	Наблюда́ть I + за кем/чем?	to watch; to keep an eye on
Ме́сто	place; location		
Месть (f.)	revenge	Нава́ливаться I / навали́ться II + на кого́?	to lean on; to be imposed on smb.; to attack smb.
Мечта́ть I + о чём?	to dream; to daydream		
Меша́ть I / помеша́ть I + кому́? чем?	to be in smb.'s way; to interfere		
		Награжда́ть I / награди́ть II + кого́? чем? за что?	to reward
Мешо́к	sack		
Мили́ция	police; милиционе́р policeman		
		Надева́ть I / наде́ть I	to put smth. on
Ми́на	mine	Надёжный	reliable
Мир	peace; world	Наде́яться I / понаде́яться I + на кого́/что?	to hope for; to rely on
Мири́ться II	to make peace with; to make up		
Мла́дший	younger	Нажива́ть I / нажи́ть I	to acquire; to amass; нажи́ть состоя́ние to make a fortune
Моги́ла	grave		
Моди́стка	fashion designer (obsolete)		
		Назва́ние	title; name
Мо́дно	fashionable; in fashion	Называ́ть I / назва́ть I + кого́? кем? как?	to name
Мо́жно + кому́?	can; may; possible; permitted		
		Наизу́сть	by heart
Мо́крый	wet	Накану́не	on the eve of
Моли́ться II / помоли́ться II	to pray	Накрыва́ть I / накры́ть I + что? чем?	to cover; накры́ть на стол to set a table
Молоде́ть I / помолоде́ть I	to grow young again	Нала́живать I / нала́дить II	to adjust; to regulate; нала́дить стано́к to adjust a machine tool; нала́дить конта́кт (+ с кем/чем?) to establish a contact with; нала́дчик, нала́дчица adjuster (of machines at the factory)
Молото́к	hammer		
Моло́ть I / намоло́ть I	to grind; to mill		
Моло́чный кокте́йль	milk shake		
Молча́ть II	to be silent		
Моне́та	coin		
Моро́женое	ice cream		
Моро́з	frost		
Москви́ч, москви́чка	Muscovite		

Налива́ть I / нали́ть I	to pour; to fill up	Ни́щенский	beggarly; miserly
Наме́ренно	on purpose; deliberately	Но	but; and
Напива́ться I / напи́ться I	to get drunk	Новостро́йки	new buildings; new developments
Напомина́ть I / напо́мнить II + кого́? что? кому́?	to remind of; to resemble	Но́вый год	New Year; нового́дний ве́чер evening of December 31
Наприме́р	for example	Но́мер	number (performance); room (hotel)
Наряжа́ть I / наряди́ть II	to dress up; наряжа́ть ёлку to decorate a Christmas tree	Нос	nose
		Ночь (f.)	night
Наста́ивать I / настоя́ть II + на чём?	to insist on smth.	Ня́ня, ня́нечка	hospital nurse
		Обвиня́ть I / обвини́ть II + кого́? в чём?	to accuse
Наступа́ть I	to advance; to begin		
Нау́чно-иссле́довательский институ́т (НИИ)	research institute	Обворо́вывать I / обворова́ть I	to rob
		Обгоня́ть I	to pass; to surpass
Находи́ть II / найти́ I	to find	Обду́мывать I / обду́мать I	to think over
Нача́льник	chief; head; нача́льник це́ха head of division at the factory/plant	Обе́д	lunch
		Обеща́ть I / пообеща́ть I + что? кому́?	to promise
Начина́ть I / нача́ть I	to begin; нача́ло beginning	Обижа́ть I / оби́деть II	to offend; to hurt; обижа́ться I / оби́деться II (+ на кого́?) to get offended
Неве́ста	fiancée; bride		
Негр, негритя́нка	black man/woman; Negro		
Недоразуме́ние	misunderstanding		
Незнако́мый	unknown; unfamiliar; strange	Обла́ва	raid; police round-up
		О́блако	cloud
Нейтра́льные во́ды	international waters	Облива́ть I / обли́ть I + кого́/чем?	to pour smth. over someone
Нелётная пого́да	weather unfit for flying		
Нельзя́ + кому́?	it's impossible; it's not allowed	Обма́нывать I / обману́ть I	to deceive; to lie to
Ненави́деть II / возненави́деть II + кого́? за что?	to hate	Обме́нивать I / обменя́ть I + кого́? на кого́/что?	to exchange
Неожи́данно	unexpectedly; suddenly	Обнару́живать I / обнару́жить II	to find; to find out
Неполноце́нный	inferior; defective		
Неприли́чно	indecently	Обнима́ть I / обня́ть I	to hug
Непутёвый	careless	Обожа́ть I	to adore
Не́рвничать I + из-за кого́/чего́?	to be/to feel nervous; to worry; не́рвно nervously	Обозна́ться I	to take someone for someone else (Я обозна́лся.)
Несмотря́ на то, что	despite; in spite of	Образо́ванный	educated
Нести́ (I, uni-directional, impf.) - носи́ть (II, multi-directional, impf.)	to carry; нести́ (+ кого́/что?) на плеча́х to carry on one's shoulders	Обра́тно	back
		Обраща́ться I / обрати́ться II + к кому́? с чем?	to address; to appeal to; обраще́ние address to; appeal to
Несча́стье	accident; disaster	Обручён, обручена́	engaged
Ни́жний	bottom; lower	Обстано́вка	décor; environment

Обстоя́тельство	circumstance	Оконча́тельно	finally; completely
Обсужда́ть I / обсуди́ть II	to discuss smth.; to talk over	Окруже́ние	encirclement (military); попа́сть в окруже́ние to be encircled/surrounded; environment; surroundings
О́бувь	footwear; shoes		
Обща́ться I	to socialize		
Общежи́тие	dormitory		
Объеда́ться I / объе́сться (irregular) + чем?	to overeat	Опа́здывать I / опозда́ть I	to be late for
Объявля́ть I / объяви́ть II + что? кому?	to announce	Опера́тор	camera man
		Опи́сывать I / описа́ть I	to describe
Объясня́ть I / объясни́ть II + кому/что?	to explain; объясне́ние explanation	Опознава́ть I / опозна́ть I	to identify
		Опо́мниться II (pf. only)	to come to one's senses
Объясня́ться I / объясни́ться II + с кем?	to explain oneself to someone; to make oneself clear; объясне́ние в любви́ declaration of love; объясни́ться в любви́ (+ кому?) to declare one's love to someone	Опо́шлиться II	to become vulgar; to debase oneself
		Опра́вдываться I / оправда́ться I + в чём? перед кем?	to justify one's actions; to defend oneself; to make excuses
		Ора́ть I / заора́ть I	to yell; to scream
		О́рден	order; medal; decoration
		Орёл	eagle
Обяза́тельно	without fail; for sure	Ору́жие	weapons; arms
Огля́дываться I / огляну́ться I	to turn (back) to look at smth.	Оскорбля́ть I / оскорби́ть II + кого?	to insult
Огнемёт	flame-thrower (arms)	Остава́ться I / оста́ться I	to stay; to remain
Ого́нь (m.)	fire		
Огорча́ть I / огорчи́ть II + кого? чем?	to upset; to distress	Оставля́ть I / оста́вить II	to leave behind
Огра́бить II	to rob; ограбле́ние robbery	Остана́вливать I / останови́ть II	to stop
Ода́лживать I / одолжи́ть II + что? кому?	to lend	Остана́вливаться I / останови́ться II + где? у кого?	to make a stop; to stay (with smb.)
Одева́ться I / оде́ться I	to get dressed; to dress up	Осужда́ть I / осуди́ть II + кого? за что?	to blame; to convict; to condemn
Оде́жда	clothes	Отбива́ться I / отби́ться I	to resist; to repel attacks
Одея́ло	blanket; comforter		
Одина́ковый	identical (with); same (as)	Отбира́ть I / отобра́ть I + что? у кого?	to take away from; to confiscate
Одино́кий	lonely; alone	Отбо́рочные соревнова́ния	trials (sports)
Одна́ко	however		
Одни́м сло́вом	in short	Отврати́тельный	disgusting; abominable
Ока́зываться I / оказа́ться I + кем/чем?	to turn out to be	Отдава́ть I / отда́ть I	to give back; to return; отда́ть долг (+ кому?) to pay back a debt
Оклика́ть I / окли́кнуть I	to hail; to call		
		Отделе́ние мили́ции	police station
О́коло + кого/чего?	near; next to	Отде́льный	separate

Отдыха́ть I / отдохну́ть I	to rest
Отка́зывать I / отказа́ть I + кому́? в чём?	to refuse; to deprive someone of smth.
Отка́зываться I / отказа́ться I + от кого́? чего́?	to refuse; to reject; to disown
Откла́дывать I / отложи́ть II	to postpone
Откликаться I / откли́кнуться I	to respond to
Открыва́ть I / откры́ть I	to open
Отлича́ться I + от чего́?	to differ; отлича́ться друг от дру́га to differ from each other
Отмеча́ть I / отме́тить II	to mark; to record, to celebrate; отмеча́ть пра́здник to celebrate a holiday
Отмы́чка	lock-pick
Относи́ть II / отнести́ I	to take/ to carry smth. somewhere
Относи́ться II / отнести́сь I + к чему? как?	to have an attitude towards; отнести́сь (+ к чему?) положи́тельно / отрица́тельно to have a positive / negative attitude towards
Отноше́ния + ме́жду кем?	relations
Отомсти́ть II + кому́? за кого́/что?	to pay back; to revenge
Отпева́ть I / отпе́ть I + кого́?	to read a burial service for someone
Отпла́чивать I / отплати́ть II + за что?	to repay; to pay back (revenge); отплати́ть добро́м to repay for smth. with kindness
Отправля́ть I / отпра́вить II	to send; to mail
О́тпуск	vacation time; в о́тпуске on vacation
Отпуска́ть I / отпусти́ть II + кого́? куда́?	to let someone go
Отреза́ть I / отре́зать I	to cut off
Отрека́ться I / отре́чься I + от кого́/чего́?	to renounce; to disavow
Отста́вка	dismissal; discharge; resignation
Отступа́ть I / отступи́ть II	to retreat; to step back
Отча́яние	despair
О́тчество	patronymic
Отчисля́ть I / отчи́слить II	to expel
Отъе́зд	departure
Охраня́ть I	to protect; to guard
Оце́нивать I / оцени́ть II	to appraise; to estimate
Оча́г	hearth
Очаро́вывать I / очарова́ть I + кого́? чем?	to charm; to enchant
О́чередь + за чем?	a line in a store
Очки́	glasses; в очка́х wearing glasses
Па́дать I / упа́сть I	to fall; to collapse; па́дать на коле́ни to fall on one's knees; па́дать в о́бморок to faint
Па́дчерица	stepdaughter
Па́лец (pl. па́льцы)	finger
Пальто́	coat
Па́мять	memory; подари́ть на па́мять to give smth. as a keepsake/ souvenir
Пансиона́т	sanatorium
Па́ра	couple; pair; Я вам не па́ра. I am not a good match for you.
Парикма́херская	hairdresser's salon
Парохо́д	steamboat
Па́русник	sail; sailboat
Пасту́х	herdsman; shepherd
Патро́н	cartridge
Пе́нсия	retirement; pension/ retirement money; уйти́ на пе́нсию to retire

Переводи́ть II / перевести́ I	to translate from one language into another (e.g., с англи́йского на ру́сский); перево́дчик translator/interpreter; перевести́ часы́ вперёд/наза́д to set a watch/clock forward/back	Пе́сня	song
		Песо́к	sand
		Петь I / спеть I	to sing
		Печа́ль	sadness
		Печа́тать I / напеча́тать I + кого́/что? где? на чём?	to publish; to type; печа́тная маши́нка typewriter
		Печа́ть	seal; stamp
		Пи́во	beer
		Пиджа́к	sports coat
Передава́ть I / переда́ть I + кого́/что? кому́?	to pass on	Пина́ть I / пнуть I	to kick
		Писа́ть I / написа́ть I	to write
Передава́ться I / переда́ться I	to be hereditary переда́ться по насле́дству	Письмо́	letter
		Пить I / вы́пить I + за кого́/что?	to drink to; вы́пить до дна (рю́мки, бока́ла) to drink up; вы́пить (+ с кем?) на брудерша́фт to drink 'Bruderschaft'
Переда́ча	TV / radio show		
Передвига́ть I / передви́нуть I	to move; to shift; to rearrange		
Переезжа́ть I / перее́хать I + куда́? к кому́?	to move; переезжа́ть с ме́ста на ме́сто to move around; перее́зд move		
		Пла́вать (I, multidirectional)	to swim; to sail
		Пла́кать I / запла́кать I	to cry; пла́кать го́рько to cry bitterly
Перезвони́ть II + кому́?	to call back		
Перемени́ть II	to change; перемени́ться to change/to become different	Плани́ровать I	to plan
		Плати́ть II / заплати́ть II + за что?	to pay for smth.
Переми́рие + с кем?	truce	Плато́к	kerchief; shawl
Переноси́ть II / перенести́ I	to carry from one place to another; to endure; to put off	Пла́тье	dress
		Плен	captivity; пле́нные captives; prisoners
		Пло́хо	bad; badly
Переноси́ться II / перенести́сь I + куда́?	to be carried away (in thought)	Плыть (I, unidirectional)	to swim; to sail
		По мне́нию (+ кого́?)	in one's opinion
Переодева́ться I / переоде́ться I + во что?	to change clothes	По сле́дующим причи́нам	for the following reasons
		По сравне́нию с тем, что	compared to; in comparison with
Перереза́ть I / перере́зать I	перере́зать себе́ ве́ны to cut one's veins	Побе́г	escape
Переры́в	break; interim	Побежда́ть I / победи́ть II + кого́?	to win smb. over; побе́да (+ над кем/ чем?) victory over someone/smth.
Переспа́ть II + с кем?	to sleep with someone		
Перестава́ть I / переста́ть I	to stop doing smth.; Переста́нь! Stop! Enough!		
		Побла́жка	allowance; indulgence; никаки́х побла́жек (give) no allowances to/no featherbedding
Переставля́ть I / переста́вить II	to move; to rearrange		
Перестре́лка	shooting; exchange of shots/fire	По́вар	cook; chef; по́вар во фло́те ship's cook
Перо́ (pl. пе́рья)	feather(s)		

Поведе́ние	behavior	Подсчи́тывать I / подсчита́ть I	to count; to calculate
Пово́зка	cart; wagon		
Повыша́ть I / повы́сить II	to raise; to increase; повыша́ть го́лос (+ на кого́?) to raise one's voice at; повы́сить зарпла́ту (+ кому́?) to raise someone's salary	Поду́чивать I / подучи́ть II + кого́?	to put someone up to smth.
		Подходи́ть II / подойти́ I + к чему́?	to fit (Ключ подошёл к двери.)
		Подъе́зд	entrance (in a building)
		По́езд	train
		Пожа́р	fire; пожа́рная ле́стница fire escape
Погиба́ть I / поги́бнуть I	to perish; to die		
Подава́ть I / пода́ть I	to give; пода́ть заявле́ние to file an application	Пожела́ние + с чем?	wishing someone smth. (e.g., in congratulations)
Пода́рок	present, gift	Поже́ртвование	donation; contribution
Подбира́ть I / подобра́ть I	to pick up; to choose; to select	По́здно	late; по́зже later
		Поздравля́ть I / поздра́вить II + кого́? с чем?	to congratulate
Подвене́чное пла́тье	wedding dress		
По́дданный	subject		
Подде́рживать I / поддержа́ть II	to support; to back up; подде́ржка support	Пои́ть II / напои́ть II + кого́? чем?	to give someone a drink; to get someone drunk
Подзе́мный перехо́д	underground crossing		
Подле́ц	scoundrel; villain	Пойма́ть (I, pf. of лови́ть)	to catch; пойма́ть такси́ to catch a cab
Подмета́ть I	to sweep (with a broom)		
Поднима́ть I / подня́ть I	to lift; to raise	Пока́зывать I / показа́ть I	to show; to demonstrate; показа́ть (+ кого́?) по телеви́дению to show someone on TV; показа́ть себя́ to prove oneself;
Поднима́ться I / подня́ться I	to go up; to rise; to get up; подня́ться по ле́стнице to go up the stairs		
Подозрева́ть I + кого́? в чём?	to suspect; подозри́тельный suspicious	Покида́ть I / поки́нуть I	to leave; to abandon
		Поко́нчить II (pf only) + что? с кем/чем?	to put an end to smth.
Подоко́нник	windowsill		
Подорва́ться I на чём?	to blow oneself up	Покупа́ть I / купи́ть II	to buy
Подпи́сывать I / подписа́ть I	to sign; подписа́ть догово́р to sign a treaty/agreement; по́дпись signature	Полива́льная маши́на	watering truck
		Полива́ть I / поли́ть I	to water
		Поликли́ника	outpatients' clinic
		По́лка	shelf; bench
Подполко́вник	lieutenant-colonel	Полко́вник	colonel
Подпо́льный	underground	По́лный	full of; overweight
Подраба́тывать I / подрабо́тать I	to earn money on the side; to earn a little extra	Положе́ние	position; situation; status
		Положи́тельный	positive; favorable
Подру́га	female friend	Получа́ть I / получи́ть II	to receive; to get
Подружи́ться II + с кем?	to become friends with someone	Получа́ться I / получи́ться II	to come out; to be the result of
Подска́зывать I / подсказа́ть I + что? кому́?	to prompt; to suggest smth.	По́льзоваться I + чем?	to use
		Поми́нки	funeral repast; wake
		Помога́ть I / помо́чь I + кому́? чем?	to help out; to assist; по́мощь help
Подслу́шивать I / подслу́шать I	to eavesdrop; to overhear		
		Помя́тый вид	wrinkled / rumpled look

Понима́ть I / поня́ть I	to understand; to comprehend
Поня́тие	concept; idea; не име́ть поня́тия (+ о чём?) to have no idea about smth.
Попада́ть I / попа́сть I	to get into; to be admitted; попа́сть в мили́цию to be taken to a police station; попа́сть в плен to be taken prisoner; попа́сть в заса́ду to be ambushed; попа́сть под маши́ну to be run over by a car; попа́сть (+в кого́?) to hit/to strike smb.
Поправля́ться I / попра́виться II	to get well
По-пре́жнему	still; as it was before
Пора́	it's time; it is high time; Мне пора́. it's time for me to go.
Порва́ться I	to break off; to tear off
Поро́г	threshold
По́рох	(gun)powder
По́ртить II / испо́ртить II + что? кому́?	to spoil, to ruin
Портфе́ль	briefcase
Поруча́ть I / поручи́ть II + что? кому́?	to entrust someone with; to commission someone with/to do smth.
Поры́в	impulse
Поря́док	order; в поря́дке in order
Посвяти́ть II + что? кому́?	to dedicate to
Посёлок	settlement
Поскользну́ться I	to slip
Поско́льку	so far as; as far as; inasmuch as
По́сле того́, как	after (+ verb)
По́сле э́того	after this/that
После́дний	last
Посо́бник	accomplice
Посо́л	ambassador; посо́льство embassy
По-старомо́дному	the old-fashioned way
Посторо́нний	stranger; outsider
Поступа́ть I / поступи́ть II	to enter; to start; поступи́ть на рабо́ту to start a job; поступи́ть в институ́т to enter a college/school
Посты́дный	shameful; disgraceful
Посудомо́йка	woman who washes dishes in restaurants; dishwasher
Посыла́ть I / посла́ть I	to send; to mail
Пото́мок	descendant; offspring
Потому́ (,) что	because
Пото́п	flood
Похме́лье	hangover; (быть) в похме́льи to have a hangover
Похо́жий	alike; similar
По́чта	mail; почто́вый я́щик mail-box
Пощёчина	slap on the cheek
Поэ́зия	poetry
Поэ́тому	that is why; therefore
Появля́ться I / появи́ться II	to show up; to appear
Прав	right; correct (about a person)
Пра́вила поведе́ния	rules of conduct
Пра́здник	holiday; festival
Пра́здновать I / отпра́здновать I	to celebrate
Прапо́рщик	praporschik (intermediate rank approximate to warrant officer); ensign
Превраща́ть I / преврати́ть II + кого́? во что?	to turn someone into smth./someone; to convert; to transform
Прегражда́ть I / прегради́ть II	to block (the way)
Предава́ть I / преда́ть I	to betray
Предлага́ть I / предложи́ть II + что? кому́?	to offer; to suggest
Предска́зывать I / предсказа́ть I + что? кому́?	to foretell; to prophesy; to predict

Представля́ть I / предста́вить (II) себе́	to imagine	Приду́мывать I / приду́мать I	to imagine; to make up
Представля́ть I / предста́вить II + кого́? кому́?	to introduce; to present to	Прие́зд	arrival
		Приезжа́ть I / прие́хать I	to arrive
Предупрежда́ть I / предупреди́ть II + кого́? о ком/чём?	to warn someone about someone/smth.	Приём	appointment; reception
		Приземля́ться I / приземли́ться II	to land
Пре́жде всего́	first of all	Признава́ться I / призна́ться I + кому́? в чём?	to confess; to admit; призна́ние confession
Презира́ть I	to despise; to hold smb. in contempt; презре́ние contempt		
		Прика́зывать I / приказа́ть I + что? кому́?	to order; to command; прика́з order; command
Прекра́сный	wonderful; great		
Прекраща́ть I / прекрати́ть II	to stop smth.; to end; to cease	Прикла́дывать I / приложи́ть II + что? к чему́?	to put smth. to; to apply smth. to
Преподава́ть I + что? кому́?	to teach (a class)		
		Прили́чный	decent
Прерыва́ть I / прерва́ть I	to interrupt	Принадлежа́ть II + кому́/чему́? + к чему́?	to belong to
Пресле́довать I	to chase; to follow		
Прести́жный	prestigious		
Престо́л	throne	Принима́ть I / приня́ть I	to take; to receive; to accept; приня́ть реше́ние to make decision; приня́ть табле́тки to take pills; приня́ть душ to take a shower
Преступле́ние	crime		
При усло́вии, что	on condition that		
Привлека́ть I / привле́чь I	to attract; to draw; привле́чь к себе́ внима́ние to attract attention to oneself		
		Принима́ть I / приня́ть I + кого́? за кого́/что?	to mistake for; приня́ть (+ кого́?) за во́ра to mistake someone for a thief
Приводи́ть II / привести́ I	to bring someone to; привести́ себя́ в поря́док to tidy oneself up; привести́ приме́р to give an example; приводи́ть (+ кого́?) в чу́вство to bring someone to his senses		
		Приноси́ть II / принести́ I + что? кому́?	to bring
		Приплю́снутый	flat; flattened
		Притворя́ться I / притвори́ться II	to pretend
Привози́ть II / привезти́ I	to drive in, to; to bring in, to	Приходи́ть II / прийти́ I	to arrive (on foot)
Привра́тник	gate-keeper	Прихра́мывать I	to hobble; to limp
Привыка́ть I / привы́кнуть I + к кому́/чему́?	to get used to	Прице́ливаться I / прице́литься II + в кого́/во что?	to aim at
		Причёска	hair style; hair-do
Приглаша́ть I / пригласи́ть II + кого́? куда́?	to invite; пригласи́ть (+ кого́?) на обе́д / в го́сти to invite smb. to lunch/to one's home; приглаше́ние invitation	Прия́тель	friend; buddy
		Про́бовать I / попро́бовать I	to try; to attempt
		Прова́ливать I / провали́ть II	to fail; провали́ть (завали́ть) экза́мен to fail an exam
Прида́ное	dowry		

Прова́ливаться I / провали́ться II	to fall through; to fall in	Пропи́сывать I / прописа́ть I + кого? где?	to register at a certain address; прописа́ться to register one's passport at a certain address; пропи́ска residence registration (stamped in passport); Я здесь пропи́сан/а I am registered at this address.
Проверя́ть I / прове́рить II	to check; to attest		
Прови́нция	provinces; depths of the country; провинциа́льный provincial		
Проводи́ть II / провести́ I	to spend (time)		
Провожа́ть I / проводи́ть II	to see someone off; to accompany; проводи́ть (+ кого?) домо́й на такси́ to take/accompany someone home in a taxi; про́воды farewell; seeing-off	Проси́ть II / попроси́ть II + что у кого? кого о чём?	to ask for; to request; попроси́ть (+ кого?) о по́мощи to ask for help; попроси́ть (+ у кого?) руки́ (+ кого?) to ask for someone's hand (in order to marry someone)
Прогресси́вная обще́ственность	progressive society / public	Просма́тривать I / просмотре́ть II	to look through; to survey
Прогу́ливать I + кого?	прогу́ливать соба́ку to walk a dog	Просто́рный	spacious
Прогу́ливаться I / прогуля́ться I + с кем?	to walk; to stroll; to take a walk	Простужа́ться I / простуди́ться II	to catch a cold
Продава́ть I / прода́ть I + что? кому?	to sell	Просыпа́ть I / проспа́ть II	to oversleep; to miss
Продешеви́ть II	to sell smth. cheaply	Просыпа́ться I / просну́ться I	to wake up
Продолжа́ть I / продо́лжить II	to continue; to go on doing smth.	Протестова́ть I + про́тив кого/чего?	to protest
Про́за	prose		
Проигрывать I / проигра́ть I	to lose	Про́тивень	roasting pan; baking sheet
Производи́ть II / произвести́ I	to create; to make; произвести́ фуро́р to cause an uproar	Противоесте́ственно	unnatural
		Проходи́мец (colloq.)	rogue
Произноси́ть II / произнести́ I	to say; to utter; произнести́ тост to make a toast	Проходи́ть II / пройти́ I + куда?	to pass; to pass through; проходи́ть пра́ктику to do one's practical training
Происходи́ть II / произойти́ I	to occur; to happen	Проща́льный бал	farewell ball
Прокуро́р	public prosecutor	Проща́ть I / прости́ть II + кому? что?; + кого? за что?	to forgive
Пронза́ть I / пронзи́ть II	to pierce		
Проника́ть I / прони́кнуть I	to get into; to penetrate	Проща́ться I / прости́ться II + с кем/чем?	to say goodbye to
Пропада́ть I / пропа́сть I	to disappear; пропа́сть без ве́сти в бою́ to be missing in action	Пры́гать I / пры́гнуть I	to jump

Russian	English
Пря́тать I / спря́тать I	to hide someone/something; пря́таться / спря́таться + от кого́? где? to hide oneself from someone/something
Психиатри́ческая больни́ца	mental hospital
Пти́ца	bird
Пуга́ться I / испуга́ться I + кого́/чего́?	to be / to feel frightened (of)
Пуска́ть I / пусти́ть II + кого́? куда́?	to let smb. go somewhere
Пу́тать I / перепу́тать I + кого́/что? с кем/чем?	to confuse; to mix up
Путеше́ствие	journey; voyage; trip
Пу́шка	cannon; gun
Пыта́ться I / попыта́ться I	to try; to attempt
Пьяне́ть I / опьяне́ть I	to get drunk
Пья́ный	drunk
Рабо́тать I + где? кем? над чем?	to work; to have a job; to work on (a project)
Рабо́тница	female worker
Ра́ди + кого́?	for the sake of
Ра́доваться I + чему́?	to be glad
Разбива́ть I / разби́ть I	to break smth.; to ruin smth.; разби́ться to break (Окно́ разби́лось. The window glass broke.)
Разбира́ться I / разобра́ться I + в чём?	to look into; to examine; to have a good understanding of smth.; разобра́ться (+ с кем?) to beat someone up (colloq.)
Разве́дка	reconnaissance; пойти́ в разве́дку + с кем? to go on reconnaissance with smb.
Разво́д	divorce
Разводи́ть II / развести́ I + что?	to take apart; развести́ мосты́ to raise /to open the bridges
Разводи́ться II / развести́сь I + с кем?	to get divorced
Разга́р	peak; height; в по́лном разга́ре at its height/peak
Разгово́р	conversation
Раздава́ться I / разда́ться I	to be heard (about a sound)
Раздева́ть I / разде́ть I	to undress someone; раздева́ться / разде́ться to get undressed
Раздража́ться I	to get irritated / exasperated; раздражённо in an irritated / exasperated manner
Разме́р	size; dimension
Размини́ровать I	to remove mines
Размину́ться I + с кем?	to miss; to pass without meeting
Разнима́ть I / разня́ть I	to separate; to take apart
Ра́зница + между кем/чем?	difference; Кака́я ра́зница между …? What's the difference between …?
Разнообра́зие	diversity
Разоря́ться I / разори́ться II	to go bankrupt
Разреша́ть I / разреши́ть II + что? кому́?	to allow; to give permission; разреше́ние permission
Разруша́ть I / разру́шить II	to destroy
Разрыва́ть I / разорва́ть I	to tear up; разорва́ть на куски́ to rip to pieces
Ра́зум	reason
Разучи́ться II	to forget how to do smth.
Разы́скивать I / разыска́ть I	to look for; to search for
Ра́нить II	to hurt; to wound; ра́неный wounded; ра́на wound
Раси́стский	racist
Раскла́дывать I / разложи́ть II	to arrange one's things; to distribute
Раскрича́ться II	to start shouting; to bellow at
Раскрыва́ть I / раскры́ть I	to open up; to disclose; раскры́ть секре́т to disclose a secret

Расска́зывать I / рассказа́ть I	to tell; to narrate; to relate
Расспра́шивать I / расспроси́ть II + кого? о ком/чём?	to question someone about smth.
Расстава́ться I / расста́ться I + с кем?	to part with; to separate with
Расстра́ивать I / расстро́ить II + кого? чем?	to upset; расстра́иваться / расстро́иться to get upset
Расстре́ливать I / расстреля́ть I + кого?	to shoot; to kill
Расти́ I / вы́расти I	to grow up
Растира́ть I / растере́ть I + кого? чем?	to rub; to massage; растере́ть (+ кого?) спи́ртом to rub someone's skin with alcohol
Растра́чивать I / растра́тить II	to waste; to squander; to embezzle
Расходи́ться II / разойти́сь I	to separate; to get divorced
Расхрабри́ться II	to become bold/brave
Расшифро́вывать I / расшифрова́ть I	to decipher; to decode; to interpret
Рвать I / нарва́ть I	to pick (about flowers or fruits)
Рвать I / порва́ть I	to tear; to tear up
Реаги́ровать I / отреаги́ровать I + на что?	to react
Ребёнок	child
Ревнова́ть I / приревнова́ть I + кого? к кому/чему?	to be jealous of
Рейс	flight
Рели́гия	religion
Ре́льсы	rails
Ремонти́ровать I / отремонти́ровать I	to repair; to fix; ремо́нт repair
Репети́ровать I	to rehearse; репети́ция rehearsal
Реша́ть I / реши́ть II	to decide; to solve; реше́ние decision
Реша́ться I / реши́ться II + на что?	to make up one's mind; to bring oneself to do smth
Решётка	railings; bars
Ре́шка	орёл и́ли ре́шка heads or tails
Рискова́ть I + чем?	to risk; рискова́ть жи́знью to risk one's life
Роди́льный дом	maternity hospital
Роди́тели	parents
Роди́ться II	to be born
Ро́дственник	relative
Рожа́ть I / роди́ть II	to give birth
Рожда́емость	birth rate
Рожде́ние	birth
Рома́н + с кем?	(love) affair
Рома́нс	song; romance
Роня́ть I / урони́ть II	to drop
Роя́ль (m.)	grand piano
Руга́ть I + кого? за что?	to scold; to curse
Руга́ться I / поруга́ться I + с кем?	to have an argument; to have a verbal fight
Рука́	hand; arm
Ру́копись	manuscript
Рыда́ть I	to sob
Рыча́ть II / зарыча́ть II + на кого?	to growl; to snarl
Рядово́й	private; soldier
С наступа́ющим!	Greetings! (given on the eve of a holiday)
С новосе́льем!	Happy house-warming!
С одно́й стороны́...., с друго́й стороны́...	on the one hand…, on the other, …
С то́чки зре́ния (+ кого?)	from the point of view of
Сади́ться II / сесть I	to sit down; сесть в маши́ну to get in a car
Сажа́ть I / посади́ть II	to seat someone; to put; посади́ть (+ кого?) в тюрьму́ to imprison
Самолёт	airplane
Самолю́бие	self-esteem
Сапо́г (pl.сапоги́)	boot(s)
Сапо́жник	shoemaker
Сарка́стично	sarcastically
Сбега́ть I / сбежа́ть (irregular) + от кого? с кем?	to run away
Сберега́тельная ка́сса	savings bank
Сбо́рный пункт	assembly point
Сбра́сывать I / сбро́сить II	to throw down; сбро́сить (+ кого?) с обры́ва to throw someone off a cliff

Сва́дьба	wedding; сва́дебное пла́тье wedding dress	Си́льный	strong; powerful; mighty; heavy
Сва́таться I / посва́таться I + за кого?	to propose; to ask to marry	Сирота́	orphan
		Ска́зка	fairy tale; ска́зочный fairy-tale; incredible
		Скаме́йка	bench (in a park)
Свеча́	candle	Сканда́лить II	to start a row
Свида́ние	date (romantic meeting)	Склоня́ть I / склони́ть II (+ кого?) на свою́ сто́рону	to win someone over
Сви́нство	fowl; dirty trick		
Свисте́ть II / засвисте́ть II	to whistle		
		Скобяна́я ла́вка (obsolete)	hardware shop
Свобо́да	freedom		
Свя́зи	connections; име́ть больши́е свя́зи to have good connections	Скова́ть I (+ кого?) цепя́ми	to shackle someone
		Сковоро́дка	frying pan
		Ско́льзко	slippery
Свя́зываться I / связа́ться I + с кем/чем?	to contact	Скоропали́тельный	hasty; premature
		Скоти́на	beast; brute (vulgar)
		Скро́мный	modest; humble
Сдава́ть I / сдать I	to return; to take; сдава́ть / сдать экза́мен to take / to pass an exam; сдать биле́т в ка́ссу to return a ticket to a ticket window; сдать докуме́нты to file papers	Скрыва́ть I / скрыть I + что? от кого?	to hide smth. from someone
		Сла́бый	weak
		Сла́вный	nice; kind
		Следи́ть II + за кем/чем?	to keep an eye on; to follow; to keep under observation
		Слеза́ (pl.слёзы)	tear
		Сле́сарь вы́сшего разря́да	metalworker of the highest category
Сде́рживать I / сдержа́ть II	to restrain; to hold in check; сдержа́ть чу́вства to restrain one's feelings; сде́рживаться / сдержа́ться to restrain oneself	Слон	elephant
		Служи́ть II	to serve
		Случа́йно	accidentally; by chance
		Случа́ться I / случи́ться II	to happen; to occur
		Слу́шать I + кого?	to listen to someone; слу́шаться (+ кого?) to obey someone
Секре́тное зада́ние	secret assignment		
Семья́	family		
Серди́ться II / рассерди́ться II + на кого? за что?	to get angry	Слы́шать II / услы́шать II	to hear
		Смерть	death
Се́рдце	heart; ей ста́ло пло́хо с се́рдцем she was sick at heart	Смета́ть I / смести́ I	to wipe off; смести́ с лица́ земли́ to wipe off the face of the earth
Серьёзный	serious		
Се́тка	screen; string-bag; scale	Смешно́й	funny
Сжива́ть I / сжить I	сжить (+ кого?) со све́ту to oust; to be the death of someone	Смея́ться I / посмея́ться, засмея́ться I	to laugh
		Смири́тельная руба́шка	strait-jacket
Сиде́ть II	to sit		

Смотре́ть II / посмотре́ть II + на кого́/что?	to look at
Снег	snow
Снима́ть I / снять I + кого́/что?	to take off; to rent; to shoot (film); снять ко́мнату to rent a room; снять (+ кого́/что?) для переда́чи to shoot for a broadcast
Сни́ться II / присни́ться II + кому́?	to have a dream
Соба́ка	dog
Собира́ть I / собра́ть I + что? кого́? куда́?	to gather; to collect; to get someone ready for smth.
Собира́ться I / собра́ться I	to get together
Соблазня́ть I / соблазни́ть II + кого́?	to seduce
Соверша́ть I / соверши́ть II	to commit; to perform; соверши́ть преступле́ние to commit a crime
Со́весть	conscience; (моя́) со́весть споко́йна/чиста́ (my) conscience is clear
Сове́товать I / посове́товать I	to advise
Совпада́ть I / совпа́сть I	to coincide with; совпаде́ние coincidence
Совреме́нный	contemporary; modern
Соглаша́ться I / согласи́ться II + с кем/чем?	to agree with
Содержа́ние	content; money allowance; быть на содержа́нии (+ у кого́?) to be kept/supported by someone
Содержа́ть II	to support; to keep
Соединя́ться I / соедини́ться II	to join; to become connected
Созна́ние	consciousness; без созна́ния unconscious
Солда́т	soldier
Сон	dream; sleep
Сообража́ть I / сообрази́ть II	to understand; to try to think; (Я) ничего́ не сообража́ю. (I) can't understand what's going on.
Сообща́ть I / сообщи́ть II + что? кому́?	to announce; to inform; to communicate; сообще́ние announcement; report
Соотве́тствовать I	to correspond
Соревнова́ние по борьбе́	wrestling competition
Сосе́д (pl. сосе́ди)	neighbor(s)
Соску́читься II (pf. only) + по кому́?	to miss someone
Состоя́ние	fortune
Спа́льня	bedroom
Спаса́ть I / спасти́ I + кого́/что?	to save
Спать II	to sleep
Спекта́кль	performance; play
Специа́льность	profession; specialty
Спеши́ть II	to be in a hurry; to rush
Спи́сок	list
Спо́рить II / поспо́рить II + с кем? о чём?	to argue with; спо́рный вопро́с moot point; debatable issue
Спорти́вная ба́за	training camp
Спортсме́н	athlete
Спосо́бный + на что? к чему́?	capable of; gifted
Справедли́вый	fair; just
Спуска́ться I / спусти́ться II	to go down
Сраба́тывать I / срабо́тать I	to start working; to start functioning; to work out
Сро́чный	urgent
Срыва́ть I / сорва́ть I	to pick (about flowers or fruits); to tear off; to disrupt
Ссо́риться II / поссо́риться II + с кем?	to quarrel; to squabble; to fall out with
Ста́вить II / поста́вить II	to put; to place
Стака́н	glass
Ста́лкиваться I / столкну́ться I + с кем/чем?	to run into; to collide with; to clash; to be confronted with

Стара́ться I / постара́ться I	to try; to do one's best	Судя́ по тому́, что	judging by the fact that
Ста́рая де́ва	spinster	Сумасше́дший	crazy; сумасше́дший дом mental asylum
Старе́ть I / постаре́ть I	to grow old	Суро́вый	severe; stern
Стари́нный	ancient	Суту́литься II / ссуту́литься II	to slouch
Ста́рость	old age		
Ста́рший	elder; ста́рше по зва́нию senior in (military) rank	Схвати́ть II	to seize; to grab
		Сходи́ть II / сойти́ I	to step down; сойти́ с корабля́ на бе́рег to step down from the ship to the ground; сойти́ с ума́ to go insane
Ста́рый	old		
Ста́скивать I / стащи́ть II + кого/что? с кого/чего?	to pull off; to drag; стащи́ть (+ кого?) с крова́ти to pull/to drag someone out of bed		
		Сце́на	scene
		Счастли́в/а	happy
Статья́	article	Счёты	abacus; подсчи́тывать на счётах to count smth. using abacus
Стели́ть II / постели́ть II + кому? где?	to make the bed for someone		
Стена́	wall	Счита́ть I + кого? кем? каки́м?	to count; to calculate; to consider; to regard; to think
Стенгазе́та	wall newspaper		
Стенно́й	wall; built-in; стенно́й шкаф built-in closet; стенны́е часы́ wall clock		
		Сы́пать I	to pour
		Табли́ца умноже́ния	multiplication table
		Та́йна	secret
Стира́ть I / постира́ть I	to wash; to do laundry; стира́льная маши́на washing machine	Так как	because; since
		Таки́м о́бразом	thus; in this way
		Тала́нтливый	talented; gifted
Стихотворе́ние	poem	Танцева́ть I + с кем?	to dance
Стоя́ть II	to stand	Та́ять I / раста́ять I	to melt; to thaw; та́ет лёд the ice is melting
Страна́	country		
Стра́шный	awful; terrible; Ничего́ стра́шного. It's all right. It's not a big deal.	Телефо́н-автома́т	pay phone
		Те́ло	body
		Тем не ме́нее	nevertheless
		Терпе́ние	patience
Стреля́ть I / вы́стрелить II + в кого/во что?	to shoot at; to fire at; стреля́ть из пистоле́та to fire a pistol	Теря́ть I / потеря́ть I	to lose; теря́ть жизнь (+ ра́ди кого/чего?) to die protecting someone/smth.; потеря́ть дар ре́чи to lose one's ability to speak
Стро́гий	strict		
Стро́ить II / постро́ить II	to build; to construct; строи́тель builder		
Стро́йка	construction site	Тесть	father-in-law (wife's father)
Ступе́ньки	steps (stair)		
Стуча́ть II / постуча́ть II	to knock	Тётя	aunt
Стыди́ться II / постыди́ться II + кого/чего?	to be ashamed; Как тебе́ не сты́дно! Shame on you!	Тёща	mother-in-law (wife's mother)
		Типово́й	standard
Суди́ть II / засуди́ть II + кого? за что?	to judge; to try	Толка́ть I / толкну́ть I	to push; to give someone a push
Судьба́	fate; destiny	Толпа́	crowd

То́лстый	thick; heavy; fat; stout	Уга́дывать I / угада́ть I	to guess / to guess right
Торгова́ться I + с кем? из-за чего́?	to haggle over the price; to argue	Угова́ривать I / уговори́ть II	to persuade; to convince
Торжествова́ть I	to triumph (over); to rejoice (over, at)	Угрожа́ть I + кому?чем?	to threaten with
Торопи́ться II / поторопи́ться II	to hurry	Уда́рить II + кого́? чем? по чему?	to hit
То́шно	feeling sick (at heart)	Уда́риться II + чем? обо что?	to hit; to bump into; уда́риться голово́й + обо что? to hit one's head against smth.
Трава́	grass; herb		
Травми́ровать I (both impf. and pf.)	to traumatize		
Тре́бовать I / потре́бовать I + что? от кого́?	to demand	Удивля́ться I / удиви́ться II + чему?	to be surprised at
		Уди́ть ры́бу	to fish
		Удо́бный	convenient; comfortable
Тре́звый	sober; common-sense (view of smth.)	Уезжа́ть I / уе́хать I	to leave; to drive away
		У́жас	terror; horror
Тре́нер	coach; trainer; тренирова́ться I to train oneself; to practice; трениро́вка practice	Ужа́сный	terrible; awful
		Узнава́ть I / узна́ть I	to find out; to learn; to recognize
		Узо́р	pattern; design
		Укла́дывать I / уложи́ть II	to pack (a bag, etc.)
Трепа́ть I	to pull about; to dishevel		
Тро́йка	"C"; "poor" (grade)	Украша́ть I / укра́сить II	to decorate
Трою́родный брат	second cousin		
Труби́ть II / протруби́ть II	to blow the trumpet	Укроща́ть I / укроти́ть II	to tame; to curb; to subdue; укроти́тель animal tamer
Тру́сость	cowardice; трус coward		
Трюк	trick; stunt	Улета́ть I / улете́ть II	to fly away
Трясти́ I / потрясти́ I	to shake	У́лица	street
Ту́фли на каблука́х	high-heel shoes	Улича́ть I / уличи́ть II + кого? в чём?	to prove someone guilty of smth.; уличи́ть (+ кого?) во лжи to prove someone a liar
Ты́ква	pumpkin		
Тыл	rear; глубо́кий тыл the home front		
Тюрьма́	prison	Улыба́ться I / улыбну́ться I + кому/чему?	to smile at
Убега́ть I / убежа́ть (irregular) +от кого/чего?	to run away from		
Убива́ть I / уби́ть I	to kill	Уме́ть I	to be able to; to know how
Убира́ть I / убра́ть I	to take smth. away; to clean	Умира́ть I / умере́ть I	to die
		Умоля́ть I + кого́?	to beg; to entreat
Убо́рная	dressing-room (theater); lavatory	Умыва́ться I / умы́ться I	to wash up
		Унижа́ться I / уни́зиться II + перед кем?	to humiliate oneself
Увели́чивать I / увели́чить II	to enlarge; to increase		
Уве́рен/а + в чём?	convinced; sure of		
Увлека́ться I / увле́чься I + кем/чем?	to be carried away (by); to fall for	Упра́шивать I / упроси́ть II + кого́? сде́лать что?	to beg; to entreat; to persuade
Уводи́ть II / увести́ I + кого́? куда́?	to take away	Упрека́ть I / упрекну́ть I + кого? в чём?	to reproach
Увози́ть II / увезти́ I	to drive away		

Упустить II	to miss; упустить возможность / случай to miss the opportunity	Хватать + кому? чего?	be enough, be sufficient; suffice; (+ кому?) не хватит смелости (someone) won't have enough courage to do smth.
Урбанизация	urbanization		
Уродливый	ugly; deformed; уродство ugliness	Хватать I / схватить II	to grab; to seize; to snatch
Успевать I / успеть I + куда?	to find time to do smth.; успеть на поезд / самолёт be in time to catch the train/plane	Хворост	brushwood (for fire)
		Химчистка	dry cleaner
		Хирург	surgeon
Успокаивать I / успокоить II + кого? чем?	to calm someone down	Хитрить II / схитрить II	to bluff
		Хлопотать I	to bustle and hustle about smth.; хлопотно requiring a lot of effort/fuss
Уставать I / устать I	to get tired; усталый tired		
Устраивать I / устроить II	to arrange; to make; устроить скандал / драку to make a scene / to get into a fight	Ходить (II, multidirectional, impf.)	to walk; to go
		Холостяк	bachelor
		Хоронить II / похоронить II	to bury
Утешать I / утешить II	to console	Хотя	although
Ухаживать I + за кем?	to look after; to court; ухаживать за ранеными to look after the wounded	Хохотать I / захохотать I	to roar with laughter
		Храпеть II	to snore
		Хрустальный	crystal
Ухо (pl.уши)	ear(s)	Хуже	worse
Уходить II / уйти I + куда? к кому? от кого?	to leave	Цветы	flowers
		Целиться II / прицелиться II + в кого/во что?	to aim at
Участвовать I + в чём?	to participate; to take part	Целовать I / поцеловать I + кого?	целовать (+ кого?) в щёку to kiss someone on a cheek; целоваться + с кем? to kiss
Учитель (pl.учителя)	teacher		
Учить II / выучить II	to learn; to memorize		
Учиться II / научиться II + у кого? чему?	to learn to do smth.		
Фабрика	factory	Цельный	sound; balanced (about a person)
Фамилия	family name; last name		
Фанты	игра в фанты game of forfeits	Цена	price
		Ценный	expensive; valuable
Фейерверк	fireworks	Цепь (f.)	chain
Фея	fairy	Церемония	ceremony
Фиктивный	fictitious	Церковно-славянский язык	Church Slavonic language
Фокусник	conjurer		
Форма	form; uniform	Церковь (f.)	church
Фотоателье	photographer's studio	Цилиндр	top hat; silk hat
Характер	character; personality	Цирк	circus
Хвалить II / похвалить II + кого? за что?	to praise	Цыган, цыганка	Gypsy
		Часть (f.)	part
		Человек	man; human being

Чемода́н	suitcase	Ше́я	neck
Чернови́к	rough draft	Шить I / сшить I	to sew
Чёрный	black	Ши́шка	bump
Че́стное сло́во!	Honestly! Upon my word!; дать че́стное сло́во (+ кому́?) to give one's word to someone	Шлёпать I / шлёпнуть I	to spank; to smack
		Шофёр	driver; chauffeur
		Шпио́н, шпио́нка	spy; шпиона́ж espionage
Чини́ть II / почини́ть II	to fix; to repair	Шрам + от чего́?	scar
Чино́вник	government official; bureaucrat	Што́пать I / зашто́пать I	to darn; to mend (clothes)
Чи́стить II / почи́стить II	to clean; to peel	Штурва́л	steering wheel (boat)
Чита́ть I / прочита́ть I	to read	Шу́ба	fur coat
Чу́вство	feeling	Шуме́ть II	to make noise
Чу́вствовать I / почу́вствовать I	to feel	Шути́ть II / пошути́ть II	to joke
		Эвакуа́ция	evacuation
Чу́до	miracle	Экскурса́нт	visitor; excursionist
Чужо́й	strange; unfamiliar; belonging to someone else	Экскурсово́д	guide
		Электри́чка	(electric) train
		Электробри́тва	electric razor
Шака́л	jackal	Этике́тка	label
Шантажи́ровать I	to blackmail; шанта́ж blackmail	Юг	South
		Явь	reality
Ша́риковая ру́чка	ballpoint pen	Ядови́тый	poisonous; venomous; malicious
Ша́хматы	chess	Язы́к	tongue; language
Шевели́ть II / пошевели́ть II + чем?	to move; to stir	Я́ма	pit; hole

Expanded List of Opinion Words and Connectives

Слова, которые помогут вам оформить ваши мысли и выразить ваше мнение:

According to	Согласно (+ кому/чему?); По словам (+ кого?)
Actually	На самом деле
After	После (+ чего?); После того, как (+Verb)
After all	Ведь
Afterwards	Впоследствии
Already	Уже́
Although	Хотя́
As a result	В результа́те (+ чего?)
As for	Что каса́ется (+ кого/чего?)
As it turned out	Как оказа́лось
As soon as	Как то́лько
At first... Later...	Снача́ла... Пото́м
At least	По кра́йней ме́ре
At the moment	В настоя́щее вре́мя; Сейча́с
At the same time	В то же (са́мое) вре́мя
Because	Так как (+Verb); И́з-за того́, что (+Verb) (*at the beginning of a sentence*)
Because (of the fact that)	И́з-за (+ кого/чего?); И́з-за того́, что (+Verb)
Before	Пе́ред (+ кем/чем?); До (+ чего?); Пе́ред тем, как (+Verb); До того́, как (+Verb)
Besides	Кро́ме того́
Besides (this/that)	Поми́мо (+ чего?)
Certainly	Коне́чно; Без сомне́ния
Compared with, to	По сравне́нию с (+ кем/чем?)
Consequently	Сле́довательно; В результа́те
Depending on	В зави́симости от (+ чего?)
Despite (the fact that)	Несмотря́ на (то, что ...(+Verb)
Due to (the fact that)	Благодаря́ (+ чему?) (тому́, что (+ Verb)
During	Во вре́мя (+ чего?)
Earlier..; later...	Снача́ла / внача́ле; пото́м / по́зже

Even	Да́же
Eventually	В конце́ концо́в
Everything seems to indicate that	Судя́ по всему́
Finally	Наконе́ц
First(ly), second(ly), third(ly), etc.	Во-пе́рвых, во-вторы́х, в-тре́тьих, и т.д.
For instance/For example	Наприме́р
For the following reason(s)	По сле́дующей причи́не (По сле́дующим причи́нам)
Fortunately	К сча́стью
Furthermore	Бо́лее того́
Hence	Отсю́да; Отсю́да сле́дует, что
However	Одна́ко
If	Е́сли
If (it were)	Е́сли бы
In accordance with	В соотве́тствии (+ с чем?)
In addition	В дополне́ние
In comparison with	По сравне́нию с (+ кем/чем?)
In connection with (the fact that)	В связи́ с (+ чем?) (с тем, что ... (+Verb)
In contrast with, to	В противополо́жность (+ кому/чему?); В отли́чие от (+ кого/чего?)
In fact	На са́мом де́ле
In my opinion...	С мое́й то́чки зре́ния; По-мо́ему
In other words	Други́ми слова́ми
In particular	В ча́стности
In short	Коро́че говоря́
In spite of (the fact that)	Несмотря́ на (то, что (+Verb)
In sum	Коро́че говоря́
In that case	В тако́м слу́чае
In the end/in the long run/finally	В конце́ концо́в
In the last minute	В после́дний моме́нт
Inasmuch as	Поско́льку
Indeed	Действи́тельно; В са́мом де́ле
Initially	Внача́ле; Снача́ла
Instead of	Вме́сто (кого/чего?); Вме́сто того́, что́бы (+Verb)
It appears that	Похо́же, что
It follows that	Из э́того сле́дует, что (+Verb)
It is a matter of	Речь идёт о том, что́бы (+Verb)

It looks like	Похоже на то, что (+Verb)
It means that	Значит
It seems to me	Мне кажется
Judging by (something)	Судя по (+ чему?)
Judging by the fact that	Судя по тому, что (+Verb)
Just in case	На всякий случай
Lastly	И наконец
Later	Позже; потом
Likewise	Тоже; также
Meanwhile	Тем временем
Moreover	Более того
Most likely	Вероятнее всего
Namely	А именно
Needless to say	Не говоря уже (о том, что)
Nevertheless	Тем не менее
Next	Потом; После этого
No doubt	Без сомнения; Конечно
No matter how	Как ни (+ Verb)
Nonetheless	Тем не менее
Not only…but (also)	Не только…, но и…
Not to mention the fact that	Не говоря уже о том, что
Obviously	Очевидно
Of course	Конечно
On condition that	При условии, что
On the contrary	Наоборот; Напротив
On the one hand… On the other hand…	С одной стороны, … С другой стороны, …
One way or another	Так или иначе
Otherwise	Иначе
Point of view	Точка зрения; From my point of view С моей точки зрения…
Provided that	При условии, что
Rather	Скорее
Similar to	Подобно тому, как
Since	С тех пор, как
So	Значит
So that	Так что
Soon after	Вскоре после (+ чего?)
Still	Всё-таки; Ещё

Subsequently	Впосле́дствии; Зате́м; Пото́м
Such as	Тако́й/а́я/ое/и́е, как
Thanks to	Благодаря́ (кому/чему?); Благодаря́ тому́, что (+Verb)
That is	То есть
The point is (that)	Де́ло в том, что
Then	Пото́м; Зате́м
Thereby	Таки́м о́бразом
Therefore	Поэ́тому
Thus	Так; Таки́м о́бразом (*to conclude an argument*)
To begin with	Пре́жде всего́
To conclude	В заключе́ние
To recapitulate	Кра́тко резюми́ровать
Too	То́же; та́кже
Undoubtedly	Несомне́нно; Без сомне́ния
Unfortunately	К сожале́нию
Unless	Е́сли не (+Verb)
Until	Пока́ не / До тех пор, пока́ не (+Verb)
Until now	До сих пор
When	Когда́
Whenever	Когда́ бы ни; Как то́лько; Когда́
Whereas	Тогда́ как; В то вре́мя как
While	В то вре́мя как; Пока́; По ме́ре того́ как
Without a doubt	Без сомне́ния
Yet	Ещё не

Answers to Crosswords and Puzzles

ОТВЕТЫ НА КРОССВОРДЫ

1. ЖЕСТОКИЙ РОМАНС

РИСКОВАТЬ

			п	а	**Р**	а					
	В	о	л	г	**И**						
				г	**С**	п	о	д	а		
			о	с	**К**	о	р	б	л	е	н	и	е
				б	**О**	г	а	т			
р	е	в	н	о	**В**	а	т	ь			
и	з	д	е	в	**А**	ю	т	с	я		
ц	о	с	в	а	**Т**	а	т	ь	с	я	
			д	е	н	**Ь**	г	и			

2. РЕБРО АДАМА

```
        о б м а н У л
              Х о д и т ь
            п А р а л и з о в а н а
          р о Ж а т ь
              И с т о р и ч е с к о м
э к с к у р с о В о д
              А б о р т
        и с к а Т ь
      н а ч а л Ь н и к а
```

Vertical: УХАЖИВАТЬ

3. КАВКАЗСКИЙ ПЛЕННИК

Vertical: СОЗНАНИЯ

Answers to Crosswords and Puzzles

Crossword (СОЗНАНИЯ):
- С: Сбежала
- О: посылал
- З: Засаду
- Н: ранены
- А: врагом
- Н: надеялась
- И: прицелился
- Я: обменять

4. ВОР

ВОСПИТЫВАЛ

Crossword (ВОСПИТЫВАЛ):
- В: Воевал
- О: коммунальной
- С: детский
- П: Переезжали
- И: уйти
- Т: бояться
- Ы: ворованные
- В: Военной
- А: уважают
- Л: доверяли

5. ПРИНЦЕССА НА БОБАХ

```
С
Т
А
Р
И
Н
Н
О
М
У
```

					С	о	д	е	р	ж	и	т
	ц	в	е	Т	ы
			ж	А	л	е	е	т
				Р	а	с	п	а	д	а
р	е	л	и	г	И	и
в	ы	г	о	д	Н	о
	г	р	я	з	Н	ы	е
			п	р	О	п	а	г	а	н	д	и	с	т
				М	о	е	т
д	о	р	о	г	У	ю

Answers to Crosswords and Puzzles

6. СИРОТА КАЗАНСКАЯ

Вертикально: ТРАКТОРИСТОМ

Горизонтально:
- обиде**Т**ь
- **Р**азбила
- разволнов**А**лся
- у**К**рашал
- капус**Т**е
- с**О**лгала
- ве**Р**ить
- подозр**И**тельно
- ссорили**С**ь
- ремон**Т**ировал
- гот**О**вил
- вдвоё**М**

7. ВОСТОК-ЗАПАД

```
        в Р а г о в
ш п и о н и л А
        д о н е С л а
            в ы С е л и т ь
                о Т ч и с л и л
б л а г о д а Р и т
            п р Е д а л
        в е р н у Л а с ь
        л а г е р Я
о р г а н и з о в а Л
        с п а с т И
```

Р
А
С
С
Т
Р
Е
Л
Я
Л
И

ОТВЕТЫ НА ГОЛОВОЛОМКИ

1. ЖЕСТОКИЙ РОМАНС

НЕ	ВЕ	СТА
ПО	ЗДРАВ	ЛЯТЬ
ПО	ДА	РОК
ПА	РО	ХОД
РЕВ	НО	ВАТЬ
ОБ	РУ	ЧЕН
У	ЕЗ	ЖАТЬ
НА	ПИТЬ	СЯ
ЦЫ	ГА	НЕ
ВЫ	СТРЕ	ЛИТЬ
У	БИ	ВАТЬ

2. РЕБРО АДАМА

БА	БУ	ШКА
ЗАВ	ТРА	КАТЬ
КО	ЛО	КОЛ
ПРИ	ГЛА	ШАТЬ
ПО	ДА	РИТЬ
ПО	МО	ГАТЬ
НА	КРЫ	ВАТЬ
У	ДА	РИТЬ
СА	ДИТЬ	СЯ
СЕР	ДИТЬ	СЯ
ДО	ВО	ЗИТЬ

3. КАВКАЗСКИЙ ПЛЕННИК

ОБ	МЕ	НЯТЬ
КО	МЕН	ДАНТ
У	БИ	ВАТЬ
ПЛЕН	НИ	КИ
У	БЕ	ЖАТЬ
ВЫ	СТРЕ	ЛИТЬ
ОБ	МА	НУТЬ
ПРИ	СНИТЬ	СЯ
О	ТОМ	СТИТЬ
ПО	СЫ	ЛАТЬ
БО	РОТЬ	СЯ

4. ВОР

ВО	ЕН	НЫЙ
УЗ	НА	ВАТЬ
ВЫ	СТРЕ	ЛИТЬ
ПИС	ТО	ЛЕТ
ВО	Е	ВАТЬ
ПРИ	ГЛА	ШАТЬ
ВО	РО	ВАТЬ
БРО	ДЯ	ГА
ПОЛ	КОВ	НИК
У	МИ	РАТЬ
СО	СЕ	ДИ

5. ПРИНЦЕССА НА БОБАХ

У	БИ	РАТЬ
ПРО	ДА	ВАТЬ
ГРЯЗ	НЫ	Е
СТА	РИНН	ЫЙ
УС	ТА	ВАТЬ
СО	ДЕР	ЖАТЬ
ВЫ	ГОД	НО
МА	ГА	ЗИН
ЗА	СЫ	ПАТЬ
ПРИ	ЧЕС	КА
ПО	ЖА	ЛЕТЬ

6. СИРОТА КАЗАНСКАЯ

КОС	МО	НАВТ
ФО	КУ	СНИК
СМЕ	ЯТЬ	СЯ
СО	БА	КА
НЕРВ	НИ	ЧАТЬ
ПО	ХО	ЖА
НА	ХО	ДИТЬ
ПРО	ВЕ	РЯТЬ
ОБ	ВИ	НЯТЬ
ПО	СПО	РИТЬ
РЕ	БЁ	НОК

7. ВОСТОК-ЗАПАД

ОБ	МЕ	НЯТЬ
ПО	СОЛЬ	СТВО
КО	МАН	ДА
ОТ	ЧИС	ЛИТЬ
СО	СЕД	КА
ВЫ	СЕ	ЛЯТЬ
ВЫ	СТУ	ПАТЬ
КА	ПИ	ТАН
АК	ТРИ	СА
У	ГРО	ЖАТЬ
ОБ	ВИ	НИТЬ